おうちでケアする決定版

あかちゃんからのかぞくの医学

小児科医・微生物学者
本間真二郎

健康の分かれ目は、腸内細菌がつくる免疫力!

クレヨンハウス

子どもには、病気を自分で治す力があります

子どもたちにとって、いまの暮らしは、「心身ともに健康で、自分らしく育つ」ための環境が整っている、と言えるでしょうか？

便利さや快適さを追求しすぎた現代の生活は、本来の自然の仕組みから大きくはずれており、それが、アレルギーなどの現代病をはじめとするあらゆる問題の根本であると、わたしは考えています。

それを、小児科医であり、微生物学を専門とする立場から、おもに腸内細菌と健康や病気との関係を中心に伝え続けています。本来は、むずかしい理論を考えたり、特別なことをしたりしなくていい。むしろ、よけいなことをせず、日常生活を整えていれば、心身ともに健康に生活できるのです。

2019年12月に中国で発生したとされる新型コロナウイルスは、世界的な感染拡大（パンデミック）となり、この本をまとめている現在（2020年12月）も続いています。このウイルスの登場により、生活のあらゆる面が大きく変化しました。

まずは、ほとんどの国で近年、経験がないほど、ひとびとの活動が制限されました。登校や出勤の停止、飲食店や商業施設の制限、公園の閉鎖、集会やイベントの中止、渡航や旅行だけでなく外出自体の制限な

どです。

　これらの制限は徐々に解除されたり、また強化されたりをくり返していますが、「新しい生活様式」などとして、日常的に手洗いの励行やマスクの着用、ソーシャルディスタンシングを守ることなどが社会に定着してきています。

　しかし大切なのは、このように目の前のことにただ対処するだけでは、問題を先延ばしにするだけで、根本的な解決にはつながらないという点です。

　そして、これらによりいちばん大きな影響を受けているのは、子どもたちです。心身の健やかな発達にとって、もっとも大切なことは、自ら実際に活動し、経験することです。活動の制限は、子どもたちからあらゆる成長の機会を奪ってしまうことにつながります。子どもたちは、毎日、家庭内だけでなく、友だちや園・学校の先生、その他のあらゆるひとに接し、表情を見て、感じ、考え、話をして、肌と肌でふれあい、さまざまな体験をし、成長していきます。子どもは、ひととの交わりなしには成長することができません。そして、子どもの時期に経験したことは、一生の健康や考え方、方向性を決める、もっとも大事な基礎となります。やり直すことができない大切な時期なのです。

　今後も、このような新しいウイルスは、かならず出てきます。

　自分の外側のウイルスが危険だからブロックするという考え方以上に、自分の内側の力を高めて乗り越えるという考え方にシフトしていく必要があります。

健康や病気に対するアプローチも同様で、子どもが病気になったときに、なるべくすぐに病院にかかり、診察や検査を受け、薬や注射で治す、可能なものはできるだけワクチンで予防する、というのが当たり前の考えになっています。

もちろん検査や治療が役に立つこともたくさんあり、必要な場合は積極的に利用してよいでしょう。薬や注射などの病院での治療は、いま見えている症状に対処することに関しては、迅速で強力な効果があります。

しかし一方で、病気の自然な経過をさまたげ、本人の自ら生きる力を奪ってしまう側面もあります。また、なぜそのような病気になったのかという病気の本質が見えなくなり、根本的な解決につながりません。

まず、子どもには、ほとんどの病気を自分で癒す力があります。薬などで症状を見えなくすることは、その本来の力が発揮される機会をさまたげることになります。

さらに、病気を自らの力で克服することは、心身の両方にわたって、本人にとっても、保護者にとっても、とても大切な経験や自信になり、多くの成長につながります。

決して無理を強いるものではありません。病院にかかることや病院での治療など、医学を否定するのでもありません。子どもにとって、そのときどきで、もっともいいと思われる判断ができるようになることが大切なのです。つまり、「本当に助けが必要なとき」のサインを見逃さないことです。

また、それ以上に重要なことは、病気になってから対処するのではなく、ふだんから日常生活を整え、免疫力・抵抗力・解毒力を上げておくことだと思います。それが、病気にならないこと以上に、たとえば災害など何が来ても大丈夫な状態にしておくことになるのです。これら根本的な対策とホームケアを含めた、子どもに起きやすい病気やトラブルについて、本書にまとめました。

新型コロナウイルスの登場により、わたしたちの社会全体のあり方が問われています。病気や健康だけでなく、さまざまなことに対する根本的な考え方やアプローチの見直しが必要になるでしょう。

子どもとともに生活できる、かけがえのない期間はほんのわずかです。本書がさまざまなことを見つめ直し、お子さんとの生活がより充実したものとなるきっかけになれば幸いです。

小児科医・微生物学者
本間真二郎

本間さんちの暮らし

プライベートでは2児の父であり、栃木県・烏山《からすやま》で農的な暮らしをしている本間さん。その一部をのぞいてみましょう。

朝

日の出とともに活動！土にたっぷりふれます

人間は太陽とともに規則正しく活動することで、腸内も含め、生体のバランスが保たれると感じています。

午前中は子どもと一緒に、畑で農作業をしたり、庭で花壇をつくったり。毎日の食事に欠かせない、調味料や味噌などを手づくりするときもあります。自然とともに生活し、手づくりがベースの暮らしは、ちょっと不便かもしれません。でも、自分たちで育てた野菜を採って、そのまま味わう体験は、腸内細菌にとっても最高！　食育にもなり、子どもの好ききらいなど、食の悩みも解決しました。

子どもだけがたのしいことを無理に行うのではなく、大人と子どもが一緒にたのしめるのが、ポイントです。

自宅の庭で花壇づくり。たくさんの虫があそびに来てくれるようにと、虫好きな息子と考えて、いろいろな花を植えました。

朝食は、成長過程の子どものみ。大人は健康維持のために朝は断食していますが、食卓にはかならずみんなで座ります。献立を考えるときは、発酵食品、「まごわやさしい」(P 39)、食材は5色(白・黒・赤・黄・緑)をそろえる、海と山のものを、ということを念頭においています。

菌にふれあうあそびを満喫します

最近は、「菌活」をキーワードにした外あそびと実践的な活動を「からすやま子育ちの会」で行っています。畑仕事や餅つきなど、子どもも大人もからだをいっぱい動かし、収穫したものはその場で調理します。

健康を支える面で、自然は必要不可欠。自然の中にいると、どんどん想像力が生まれてきて、子どもたちとやりたいことがたくさん出てきます。都会暮らしでも、プランターで野菜や植物を育てるだけでも、「菌活」になりますよ。

ヤギなどの動物にふれあう機会もたくさん。自然に囲まれた暮らしやあそびがたのしいと、娯楽をゲームやメディアに依存しすぎることもありません。

各家庭から味噌と野菜を持ち寄って、味噌汁づくり。味噌や野菜を通じて、菌を交換しています。からだに多種多様な菌をたっぷり摂り入れたくて考えました。

じゃがいもの収穫では、子どもたちも泥だらけになって、たくさんの微生物とふれあいます。たくさんあそんで、もりもり食べる子どもを見ると、大人も元気に！

夜

一定の生活リズムで子どもも菌も安定します

夕食や就寝時間も、なるべく一定にしています。リズムが安定していると、子どものきげんもいいんです。

夜のお風呂タイムでは、皮膚の常在菌を守るために、石けんは控えめ。感染症の流行期などは多少対応を変えていますが、手洗いでも、除菌・殺菌よりも、常在菌が大切なので、「手を守っている神さま（微生物）がいなくなるからほどほどに」と伝えています。

社会に振りまわされるのではなく、自分たちの暮らしを整えて生活することが、免疫力を維持する要です。いまのところ、子どもたちは感覚が鋭くおおらかで、元気。たまに体調を崩しても、1日で治りますよ。

この日の夕食は、味噌汁と雑穀ごはん、イワシの梅煮、キャベツのしょう油漬け、トマト、しょう油麹で食べる納豆。旬の魚を一物全体でいただきます。骨はありますが、よく噛んできれいに食べられるようになるうえ、箸の使い方も覚えるので、おすすめです。

いまだから知っておきたい

新型コロナウイルス感染症

世界的に見ても、子どもへのリスクは低いと考えられます

中国、イタリア、米国・ニューヨーク、日本でも共通して、成人と比べて子どもが亡くなることはまずありません。子どもがかかったとしても、特別な治療は必要ないことがほとんどです。

新型コロナウイルス感染症は、ウイルス学的に見ると、子どもにとっては軽い病気と考えられます。日本では、超過死亡*を含め毎年1万人ほどが亡くなるインフルエンザ（P112）のほうが、子どもの脳炎・脳症もあり、致死率や重症化のリスクが高いと言えます。

新型コロナウイルス感染症にかぎったことではありませんが、高齢者やリスクのあるひとは注意が必要です。感染しないための対策に加えて、ふだんの食事や生活習慣から、免疫力や抵抗力を上げておくことが何よりも大切です。しかし、生活を改善しても、すぐに効果が出るわけではありません。

リスクが高いひとは、それぞれが自分のリスクを評価し、子どもたちとの接触などを含めて、ふだんの生活をどうするのか、仕事や外出をどの範囲にするのかなど、自分の活動を決める必要があります。そのためには、家族を含めてなるべく多くのひととよく話し合い、自分の意思を伝えておくことが大切になります。

＊ インフルエンザの超過死亡とは、インフルエンザの流行により、
流行しなかった場合と比べて、直接および間接的にどの程度死者数が増加したかの推定値。

日本の感染者が少ない理由は、はっきりしていません

日本で感染者が少ない理由に、手洗いや靴を脱ぐなどの衛生習慣が注目されています。しかし、世界的に見ると、感染者数はアジア全般で低くなっています。アジアの衛生環境は、国によってバラバラなので、清潔さが感染を防いだおもな理由ではありません。

推測ですが、アジア的な食生活や生き方などから、アジア人にはもともと新型コロナウイルスに対して強い何かが備わっているか、通常の風邪を引き起こすコロナウイルスに感染して、すでに免疫を獲得していたのかもしれません。

また、ＢＣＧワクチン（Ｐ61）が自然免疫（Ｐ21）を強くしている可能性は否定できませんが、結論は出ていません。

新薬やワクチンは正しく見極めましょう

ワクチンが待望されていますが、インフルエンザと同様に根本的な解決にはならないと思われます。また、現時点では有効な治療薬もありません。

通常、ワクチンや新薬の実用化には、たくさんの臨床実験が行われ、数年かかります。このプロセスを除いて、急いで承認してしまうと、効果や副作用がまったくわからないまま接種することになります。

とくに今回開発されているワクチンは、新技術を使ってつくろうとしていることもあり、よけいに安全性が不透明です。慎重になるに越したことはありません。リスクがあるひとや希望するひとがワクチンを接種するのは問題ありませんが、強制されるものではありません。

「感染症にかからない」ことだけがすべてではありません

新型コロナウイルス感染症が今後どうなっていくのか、現時点ではわかりませんが、一時的に感染の波が引いても、完全になくなることはないでしょう。

自然界には、菌やウイルスが常に存在しているのが正常な状態です。感染症になったり、重症化したりする原因は、微生物側だけでなく、ひとの側にもあるため、「外からやってくるものを防ぐ」という考えだけでは、根本の解決にはなりません。

医療崩壊を防ぐために、なるべくかからない、うつさないことが大切という考え方ももちろんあります。しかし、新型コロナウイルス感染症は、現在は指定感染症*であり、その対策に必要なスタッフや施設、資源がとても大きくなっています。医療崩壊は、ウイルス自体（患者数や重症度）によるものよりも、制度やその運用上の問題が大きいのです。

そのため、「新しい生活様式」として言われている、「会話は真正面を避ける」「ひととの間隔を2メートルあける」などが、とくに子どもでは、現実的な対策かどうかは疑問であり、むしろ、長期的な害のほうが大きいと思います。

人間に大切なのはコミュニケーション。いまのように「分断」された不自然な状態では、子どものからだやこころの育ちに影響が出る可能性があります。このことを考慮して、短絡的な対策に縛られるのではなく、より大きな視点から本質的な対策を考えていく必要があります。

＊ 指定感染症とは、その感染症が拡大することにより、国民の生命および健康に重大な影響を与えるおそれがあるとして、政令で対策・対応が定められる感染症。

感染症にかかる「本当の意味」を考えましょう

子どもは、自らの力で免疫機能を獲得していく過程にあります。現代では、生活における除菌や抗菌の徹底だけでなく、できるだけ菌やウイルスにふれずに、どのような軽い感染症でも、もらわない、うつさないことがよいとされています。VPD（Vaccine-Preventable disease / ワクチンで防げる病気）ということばがあります。これは、ワクチンで予防できるものは、どんな感染症でも可能なかぎり予防しようという西洋医学の一般的な考えです。

これらの根底には、感染症にかかることは悪いことであるという考えがあります。もちろん重症な感染症は、さまざまな手段で対策をとることが大切でしょう。しかし、一般的に軽症のものも含めて、すべての感染症を防ぐ必要があるのでしょうか？ わたしは、そうすることにはむしろ弊害が大きいと考えています。

一例ですが、2020年は手足口病（P138）やヘルパンギーナ（P122）、咽《いん》頭結膜《とうけつまく》熱（プール熱 P120）など、小児のあらゆる感染症が激減しています。学校の閉鎖や手洗い、ソーシャルディスタンシングの徹底などによると考えられ、歓迎する意見を目にします。しかし、これらの軽い感染症にかからないことが本当によいことであるかについては、わたしはとても疑問に思っています。後述するように、ひとの免疫系は、常に身のまわりの微生物にふれ、ときには感染症を経験し克服することで、成長・成熟していくのです。あらゆる軽い感染症まですべて排除してしまうことが、子どもの将来あるいは未来の子どもにどんな影響を与えるか、まったくわかっていないのです。

次ページから、問題点を挙げてみます。

感染症を正しく理解するために 1

微生物を排除した暮らし

じつは微生物を排除していることが、現代病（アレルギーや自己免疫疾患、生活習慣病、がん、うつ、発達障がいなど）を急増させている根本です。先に述べたように、とくに子どもは、毎日常在菌や病原体に接触することで、免疫系を訓練し、働きや調節機能を発達させていきます。

感染症を正しく理解するために 2

免疫力には個人差あり

同じ病原体と接しても、感染するかどうか、発症するかどうか、軽症ですむのか重症化するのか、合併症が出るのか、死亡するのかどうかの違いは、それぞれのひとがもつ免疫力が大きく関係しています。

感染症を正しく理解するために 3

「感染しない」のはむずかしい

今回の新型コロナウイルス感染症の世界的な感染拡大（パンデミック）により明らかになりましたが、病原体に感染しないことを徹底するには、大変な労力がかかります。どんなに対策をしても完璧に防ぐことはできず、やればやるだけ資源を浪費し、環境を破壊し、精神的にもストレスがかかり、社会全体を疲弊させます。

感染症を正しく理解するために 4

ワクチンで強い免疫ができるか

ワクチン接種では弱い免疫しかできずに、効果が長続きしません。一般的に軽い感染症は、むしろ自然にかかったほうが、強い免疫ができます。さらに、次世代に強い免疫を引き継げる可能性も高くなります。

同じ病原体にくり返し接することにも、意味があります。一度免疫がついても、その働きは時間とともに低下してしまいますが、免疫が切れる前に同じ病原体に接することで、「ブースター効果」が発揮されます。効果のひとつは「一度目の感染のときより、免疫が早く強く働いて、症状が出ないまま治る」というもの。もうひとつは「時間とともに低下していく免疫の働きを、途切れないように維持する」というもの。つまり、ある感染症に対して免疫ができていれば、まわりでその感染症が流行することを過剰に恐れる必要がないどころか、強い免疫を維持するには都合がいいわけです。だからこそ、感染症をうつし、うつされることにも、意味があります。

こうした本来の自然のシステムを無視した、たくさんのワクチン接種は、長期的に見ると、とても問題があると考えます。

感染症を正しく理解するために 5

病気という「成長」

病気にかぎりませんが、子どもが経験するであろう、さまざまな困難をすべて取り除いてしまうのが、本当に「丈夫な子」を育てることにはならないと考えます。

子どもには、ほとんどの問題を自分で解決する能力があります。つらい体験であっても、それを乗り越えるのがこの世界を生きることであり、成長することであると思います。大人が先まわりしてすべての困難を取り除いてしまうと、自分ひとりでは困難を克服できないというメッセージを無意識に与えることにもなります。

もくじ

子どもには、病気を自分で治す力があります

病院へ行くのはどんなとき？
子どもの病名事典

あかちゃんから育てる免疫力

腸内細菌との
いい暮らし

日々の暮らしが、腸内細菌を育てます。
子どもだけでなく、大人にも役立つ、
暮らしと免疫力の話です。

「病気にならない」より、大切なこと

からだを守るシステムである免疫は、病気を引き起こす微生物（病原体）を防ぐものですが、免疫をコントロールしているのもまた、微生物（常在菌）です。人間のからだに日頃から棲む常在菌とうまくつきあうことこそ、本当の元気を生み出す方法です。

感染症などから、からだを守るのが免疫です

外から入ってくる微生物（ウイルスなど）が、異物かどうかを判別して、感染症などからからだを守ってくれるのが、「免疫」です。

免疫には2種類あります。

ひとつは、「自然免疫」です。侵入してきた異物に対し、すぐに反応しますが、相手の正体にかかわらず働くので、効果はマイルド。軽いものなら、この時点で防ぎます。

もうひとつが、「獲得免疫」。自然免疫から情報をもらって、相手を特定し、排除や封じ込めをします。効果は強力ですが、はじめての相手には発動するまで時間がかかります。一度感染した病原体が、再び侵入した際には、獲得免疫がすぐに、そして、より強力に発動します。獲得免疫は記憶をもつことによって、二度目の感染に対して、症状を出さないまま、からだを守ります。

免疫機能のシステム

自然免疫

皮膚や粘膜

ウイルスなどがからだに侵入するのを、はじめに防ぎます。

＋

免疫細胞

ウイルスなどが皮膚や粘膜から侵入すると、まずは相手を問わず稼働し、アタックします。また、その情報を獲得免疫に伝えます。

獲得免疫

自然免疫で抑えられないときは、獲得免疫が働きはじめます。相手の正体を特定して、ウイルスなどを退治します。

獲得免疫には、過去に感染した病原体を記憶し、免疫が切れないように維持する仕組みがあります。

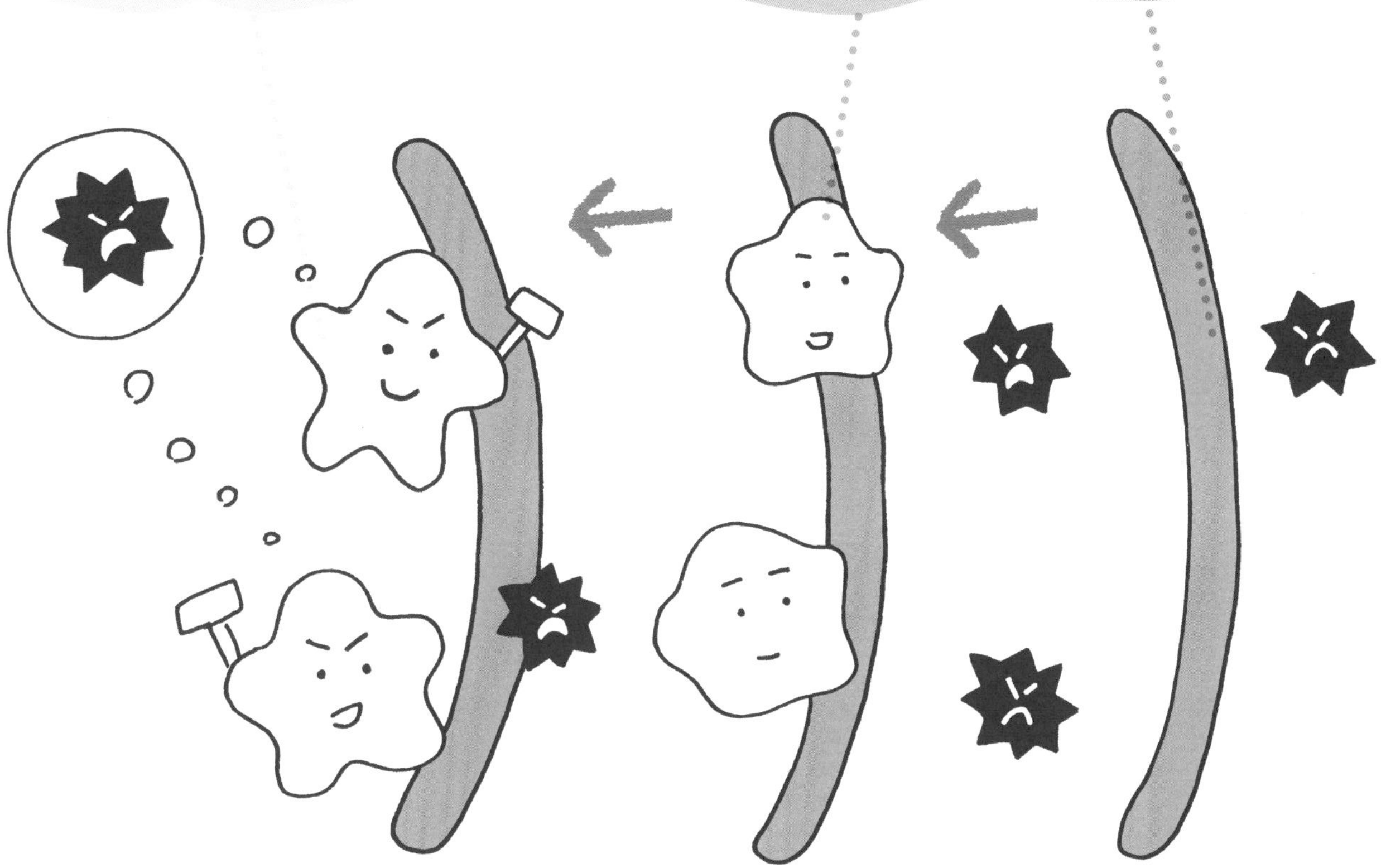

免疫のカギとなるのは、腸内細菌です

免疫は「働く」ことと「調節できる」ことの両方が大切です。免疫が働かなければ、感染症を防げませんが、逆に免疫が強く働きすぎると、異物だけでなく、本来は反応しなくてもいいもの（花粉や食べもの）に反応したり、自分の正常細胞も攻撃したりして、病気を引き起こします。これが、急増している現代病（アレルギーや自己免疫疾患、生活習慣病、がん、うつ、発達障がいなど）の、もっとも根本的な原因なのです。

免疫系は、生まれてからずっと、自分の近くにどのような微生物がいるのかを、取り込みながら確認しています。免疫系が適切に働くためには、これら微生物と常にやりとりをして、共生するのか、排除するのか、どこから排除して、どの程度働くかなどの調節を練習する必要があるのです。

カギとなるのが、常在菌（わたしたちのからだに通常住んでいる細菌）、とくに「腸内細菌」です。

なぜなら、病原体を直接排除するために働いているのは免疫細胞（白血球）ですが、それを司って、正しく調節しているのが腸内細菌だからです。腸内には、免疫細胞の7割が集中しています。

免疫の調節には、幼少期のできるだけ早い時期から積極的に微生物とふれあうこと、腸内細菌をはじめとした常在菌を整えることがもっとも大切です。

免疫機能の働き

免疫機能は、大きく分けると「自然免疫」「獲得免疫」の２種類（P20〜21）で、さらにそれぞれ、大きく分けて２つの働きがあります。「獲得免疫」の働きが調節できていれば、「通常反応」で正しく異物のみを排除しますが、調節できていないと「過剰反応」となり、現代病（アレルギーや自己免疫疾患、生活習慣病、がん、うつ、発達障がいなど）を引き起こします。

自然免疫

皮膚や粘膜
（異物のブロック）

免疫細胞
（異物の掃除と運搬）

獲得免疫

細胞性免疫
（異常な細胞の排除）

液性免疫
（異物の排除）

通常反応

異常な細胞を、
細胞ごと排除

↓

細胞外の病原体や
異物を排除

↓

過剰反応

自己免疫疾患
（膠原《こうげん》病）

アレルギー

*アレルギーについては
P34から詳しく解説しています。

腸内細菌の状態がよいことが、ひとの健康の要です

腸内細菌のバランス（左ページ参照）が良好なら、免疫は適切に調節され、病気などから治る力＝自然治癒力も発揮されます。免疫は、腸内細菌は、免疫が働く際に、どの程度免疫を働かせるかをコントロールします。すべての菌に役割がありますが、常在菌の中では、いわゆる「善玉菌」が、「悪玉菌」の働きも利用して、統括している状態がもっともよいのです。

腸内細菌は、免疫力のカギとなるほか、消化吸収、栄養素の供給など、ひとが健康に生きるためにもっとも大切な役割を担っています。また、場所、気候、食べものなどによって、棲みつく腸内細菌は変化していきます。縄張り意識が強く、3歳までに定着した菌はなかなか変化しないため、子どものときから腸内細菌によい暮らしをすることが大切です。とはいえ、その後も腸内細菌の状態は変わります。食事や日常生活が自然なものであれば（P38〜）、状態が整っていきます。

しかし、薬や便利さを追求する現代的な生活によって、腸内細菌はダメージを受けているうえ、環境中の微生物も排除しすぎているので、現代人の免疫機能は、はじめから低下している状態にあると言えます。現代病になる原因は、じつはわたしたちのからだにこそあります。

何かあってから対処するのではなく、食べものと日常生活を整えることこそが、唯一の対策になるのです。

腸内細菌のベストバランス

善玉菌2割、悪玉菌1割、日和見菌7割に保たれていれば、腸内環境がよい状態です。善玉菌は、悪玉菌がいないと悪さを働いたり、さぼることも。また、悪玉菌の中に、必要な働きをするものもいます。善玉菌でも、特定のビフィズス菌など1種類だけを集中して摂ると、全体のバランスが崩れます。さまざまな菌との共存が大切なのです。

わたしたちは
とてもたくさんの菌と
共生している生態系です

顕微鏡でなければ見えない、ちいさな生きもののことを「微生物」と呼びます。

わたしたちの暮らしている生活環境は微生物だらけです。目には見えませんが、空気中も、水の中も、土の中も、家の中でさえ、おびただしい種類と数の微生物（菌やウイルス）で覆い尽くされています。

ほとんどの微生物は、わたしたちと共存することも、感染症を起こすこともありません。ごくわずかな微生物が、病原微生物（病原体）と呼ばれます。

ひとのからだにも、外界と接するところには、たくさんの細菌がいます。多くのひとに通常に見られる細菌を「常在菌」と言います。

菌とウイルスの違い

菌

細菌

乳酸菌、納豆菌、大腸菌など。
バクテリアとも呼ばれ、
おもに分裂で増えます。

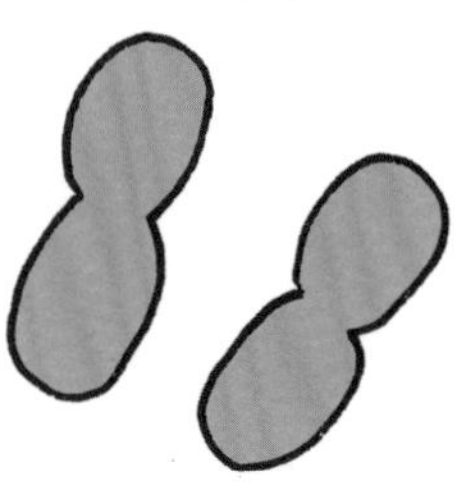

真菌

カビ、キノコ、酵母など。
胞子で増えます。

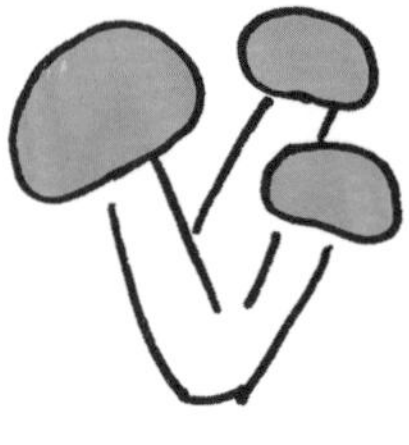

ウイルス

菌とはまったくの
別ものです。
生きている細胞に
寄生して、
自己を複製し、
増殖します。

＊ウイルスは
生物ではないと
する考えもあります。

実際にわたしたちは、ものすごい数の常在菌と共存していますが、これらは身のまわりの環境から入ってきます。また、わたしたちは遺伝による相性や免疫力によって、自分と共存する細菌＝常在菌を、ある程度選んで取り込んでいます。

なかでも、腸内に棲んでいる菌（腸内細菌）はおよそ１００種類、１００兆個以上と種類も数も多く、ひとの健康に深く関係しています。腸内細菌は、すでに体内に棲む菌と、体外にいる微生物が情報交換することで備わり、日々更新されています。

生まれていちばんはじめにふれる菌が大切です

生まれる前の胎児は無菌です。そのため常在菌の獲得には、いちばんはじめにふれる菌が大切です。

最初は、母親の膣内の細菌と腸内細菌、そして皮膚の細菌を受け継ぎます。その後は、家族がもつ菌を含め、身のまわりにいる菌を取り入れていきます。このことから、３歳頃までに確立される常在菌、とくに腸内細菌の状態が、生涯の健康に関係しているとも言われているほどです。

あかちゃんは、おかあさんから免疫を受け継ぎます

あかちゃんは、基本的な免疫力はもって生まれてきます。しかし、その免疫力のうち、自然免疫はすぐに働きますが、獲得免疫は「感染の記憶」がないため、すぐには働けない状態です。そこで、生まれる前の胎児期に、生後1年くらいの間の感染症を防ぐための抵抗力（抗体）を母親から受け継いでおり、これを母子免疫と言います。

母子免疫はだいたい6ヶ月~1歳ほどでなくなり、その後は自分の免疫力を発達させていきます。あかちゃんは何でも口に入れるなど、自分の身のまわりにある菌を避けず、むしろ積極的に取り入れていきます。これは、母親から受け継いだ常在菌と母子免疫（抗体）で、基本的なガードをしてもらっているからです。

重要なのは、母がもつ常在菌は、母親の生きてきた環境と生活の結果であること。同じように母乳中の抗体も、母親がいまもっている菌や、いままで接触したあらゆる微生物に対する記憶の集大成のようなものです。これらは、あかちゃんが母親と同じような環境（微生物などの状態）で生きるのに最適な「常在菌と免疫のセット」なのです。

このような状態のもと、あかちゃんは自分と共生できる菌を積極的に取り込んでいきますが、病気を引き起こす病原微生物のように、どうしても共生できないものは免疫力で排除することになります。健全な状態で育ち、除菌・滅菌などの介入をしなければ、免疫システムは過不足なく働くように発達していきます。

こんな「常在菌」と暮らしています

たとえば下のように、一見「バイ菌」のように考えられるものとも共存し、免疫機能などの大切な役割を果たしていることになります。

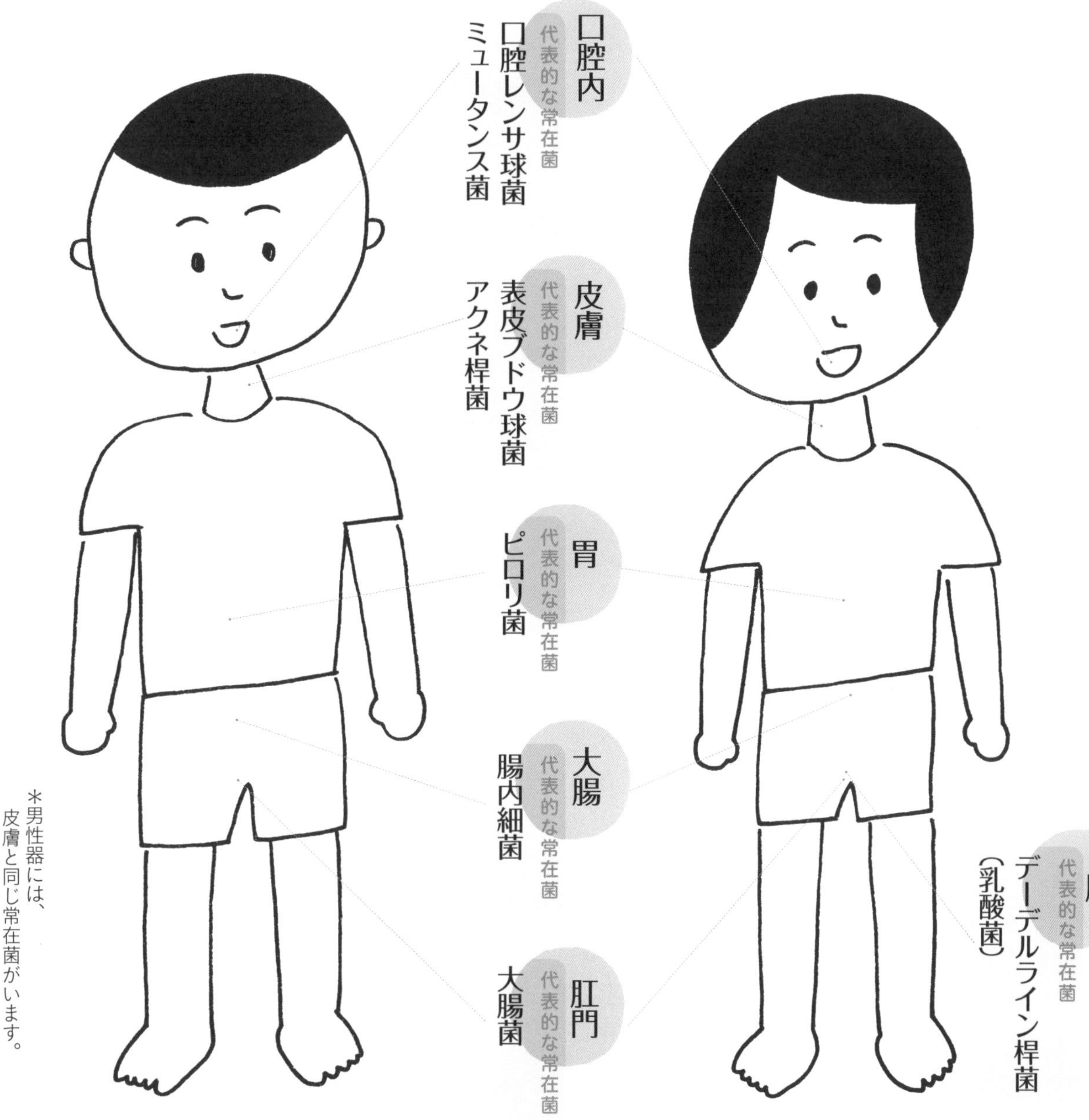

口腔内細菌の状態も、健康に深く関係しています

口腔内細菌は、約1000億個とも言われます。

もともと唾液には、口腔内の情報を、免疫力の要である腸内に伝えるという重要な役割があります。口腔は消化管の入り口であり、口腔内細菌は腸内細菌とも連動して、相互に影響し合うことがわかってきました。

口呼吸やうがい薬、抗生剤などにより、口腔内細菌のバランスを崩すことが、あらゆる病気と関係していることが次々とわかってきています。

あかちゃんが母乳で育つか人工乳で育つかによって、その後の口腔内細菌の種類や量が違うことは、以前から報告されています。理想的なのは、母乳によって「常在菌と免疫のセット」（P28）が自然に受け継がれ、口腔内や腸内の常在菌が形成されていくという流れです。

離乳食をはじめる時期やその内容も、口腔内の環境に影響することは明らか。食物アレルギーの発症を恐れて、離乳食はなるべく遅くしたいと考える方もいますが、わたしはおすすめしません。

乳児の口の発達は、全身の発達と連動しています。適切な時期に適切な刺激が加わることが大切ですので、離乳食の開始時期をいたずらに遅らせる必要はないと考えています。また、離乳食をはじめても、母乳はいつまで続けてもかまいません。

腸内細菌にとってよい暮らしは、もちろん口腔内やほかの常在菌にもよい暮らしです。ひいては、ひとの健康にとってよい影響があります。

口腔内細菌のみだれが引き起こす病気

口腔内細菌には、P29で挙げたミュータンス菌（口腔レンサ球菌）のほかにもたくさんの種類がいます。たとえばクレブシエラ菌は、通常無害ですが、抗生剤を飲んで腸内細菌がダメージを受けていると、腸に入り込み、関節リウマチを引き起こすことがわかっています。新たな病気との関係も、次々と明らかにされています。

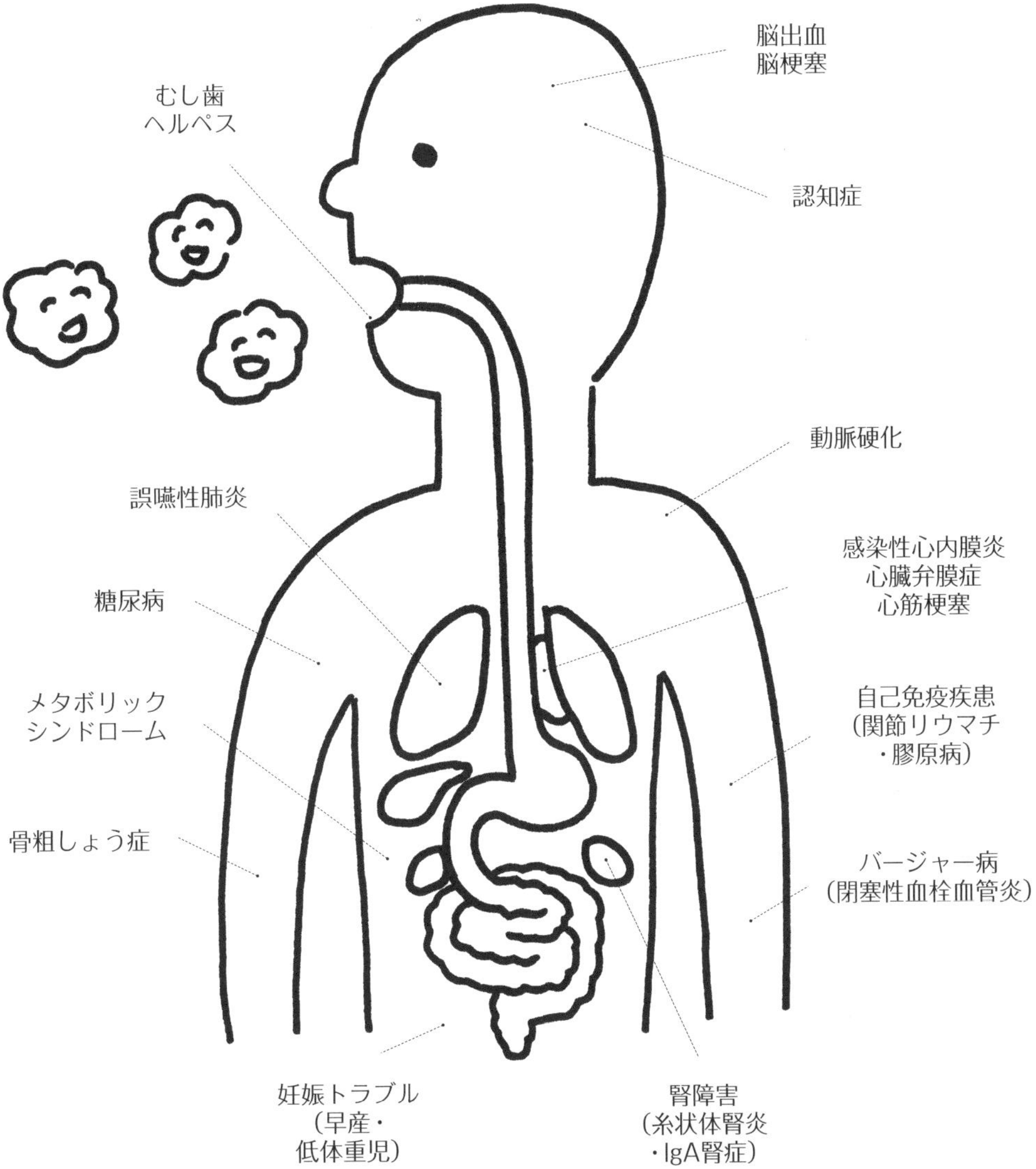

「腸にいいことをすればいい」のです

「脳腸相関」ということばがあるように、精神活動を含む脳の状態と腸の状態は、深く関係しています。

たとえば、ストレスがかかると胃潰瘍になったり、便秘、下痢をするなどの経験があるひとも多いでしょう。ストレスが消化管の状態を悪くしていることは明らかで、その逆もしかり。消化管の状態が精神活動に影響を与えていることもまた、間違いありません。

わたしは、この「脳腸相関」に、もうひとつ「腸内細菌」を加えたほうがよいと考えています。マウスを使った研究でも、腸内細菌は学習能力、記憶力、認知能力などにも影響していることがわかり、腸内細菌が人間の気分や性格までも決めているのでは？という見解も出ているほど。人間のあらゆる活動は、「脳」「腸」「腸内細菌」がネットワークを形成して調整していると考えるほうが現実的です。

また、腸内細菌との関係は分子レベルでも明らかになっています。たとえば、イライラを抑えるので「幸福ホルモン」と呼ばれるセロトニン。その95％以上は、腸、つまり腸内細菌がつくっています。ほかにも、ストレス反応の中心物質は「コルチゾール」と呼ばれるホルモンですが、これも腸内細菌がコントロールしていることがわかっています。これらのことから、ストレス耐性の強弱も腸内細菌が調整をしているのではないかと考えられています。とくに幼少期の腸内環境は重要で、このときの腸内細菌の状態が、ストレス反応や発達障がいと深く関係しているという報告も多く見られます。ストレス対策はいろいろありますが、まずは「腸にいいことをすればいい」と考えれば、シンプルになります。

からだは脳・腸・腸内細菌がコントロール

人体に何らかの負荷がかかると生じる「ストレス反応」。このときからだの状態を一定に保つ働きをするのが、免疫系、自律神経系、内分泌系の３つの系からなる「ホメオスタシス（＊）」です。たとえば、高熱が出たときに大量の汗をかいて体温を下げようとする、など。この健康維持に重要な働きは、以前は脳がコントロールしているとされてきましたが、近年、脳・腸・腸内細菌が連携して操作していることがわかってきました。

＊homeostasis…生体恒常性。人体に何らかの異変があった際、心身を一定の状態に保とうとする働き。

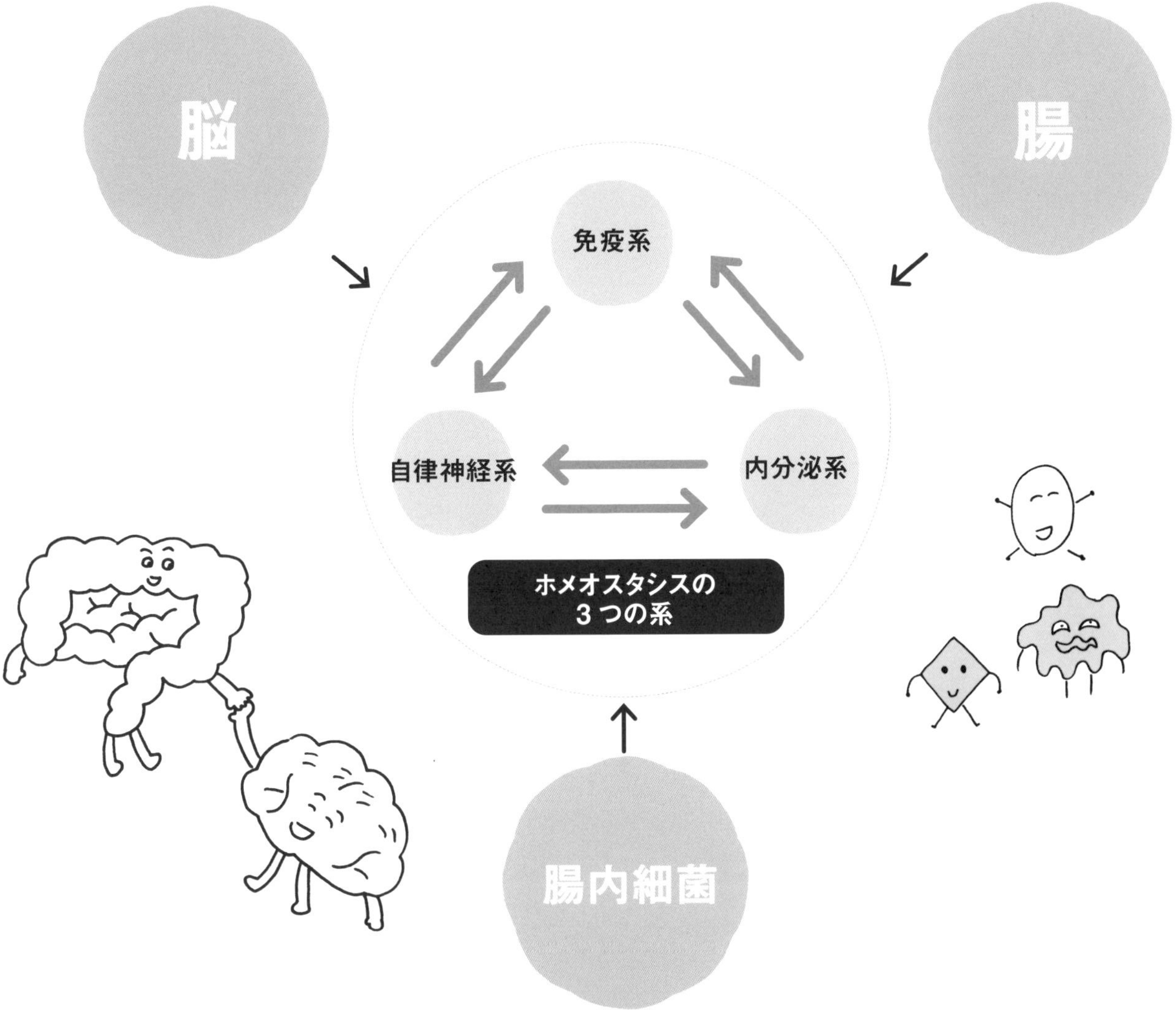

免疫の調節が悪いと、アレルギーになります

からだに不要と判断したもの（＝異物）を排除する働きを「免疫反応」と言います。正常に異物を排除している（＝通常反応）うちはいいのですが、行きすぎる（＝過剰反応）と病気になります。アレルギーは、免疫反応が行きすぎた結果、本当は「異物」ではない食べものや花粉なども排除しようとするために起こる疾患です（P23）。

過剰反応にストップをかけるのが、Tレグ（制御性T細胞）と呼ばれるものです。Tレグをコントロールしているのが、かつて人間と共生していた寄生虫や、腸内細菌などの常在菌です。寄生虫は、免疫反応が行きすぎると、「自分も排除されたら大変！」とばかりに暴走を止めてくれていたのです。

ところが、あるときから、「寄生虫は敵だ」と薬品により排除されてしまいました。そうして現代生活からあらゆる微生物が排除され続けていることで、現代人は過剰反応を抑制する力が衰えてしまい、結果、アレルギー疾患をはじめ、現代病が増えることになったと考えられます。

寄生虫の排除が全国で行われたのは、いまから70年前のこと。日本でアレルギーが出現した年代と一致しています。

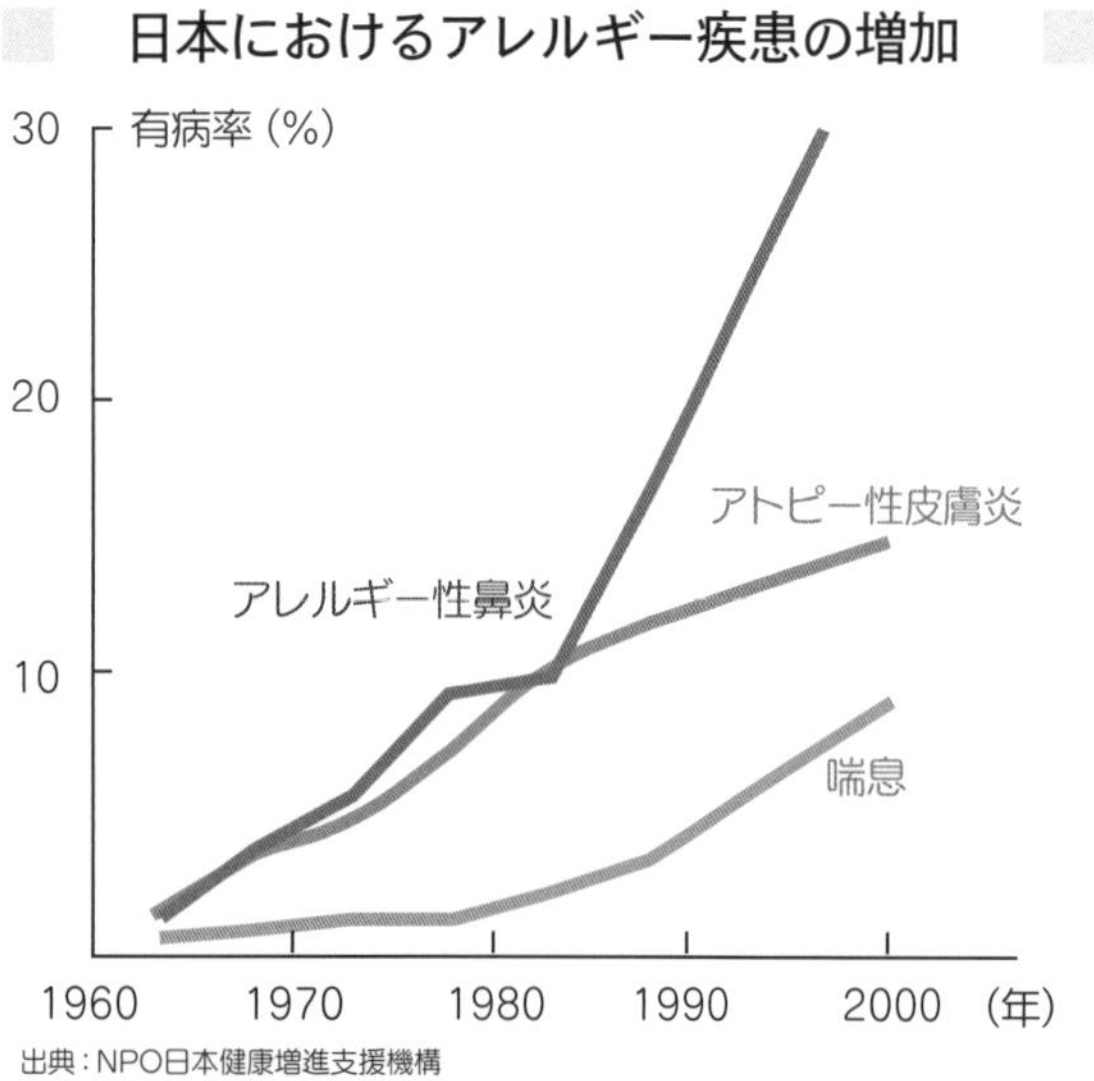

出典：NPO日本健康増進支援機構

微生物がいなくなって、かえって病気になっています！

世界の歴史をたどると、ヨーロッパでは1760年代から産業革命が起こりました。そののち、アレルギー疾患が一般的に認められるようになったのは、1800年代のこと。それ以降、アレルギー疾患は激増の一途をたどります。

産業革命以前は、市民のほとんどが農民で、農薬や化学肥料もない時代ですので、健康な土や豊富な微生物と毎日ふれあっていました。しかし革命を機に、農民の多くは都市に集中し、工場勤めになりました。

さらに、産業革命によってものすごく増えた化学物質も、微生物に大きなダメージを与えます。ただし、化学物質が広く増えはじめたのは1900年代。アレルギー疾患は、それより100年ほど前から増加が確認されていますので、化学物質そのものは、アレルギー疾患が出現した主要な原因ではないと言えます。

つまりアレルギー疾患は、「産業革命」により「土および微生物とふれあわなくなったこと」が最初の原因で、その後の「化学物質の増加」が微生物の排除に拍車をかけたことによる病気なのです。

米国はヨーロッパの約50年後、日本は約150年後と、世界中の先進国でまったく同じ現象が起きるようになるのです。

科学の進歩により、消毒薬や抗生剤が開発され、感染症で死亡するひとが劇的に少なくなったのは間違いありません。しかし、その一方で、ひとと共生してきた寄生虫や腸内細菌などの微生物をも排除する結果になりました。

アレルギーの原因は、暮らしにあります

いま、アレルギー疾患はものすごい勢いで増えています。

70年前には1万人にひとりの稀な病気だったのが、50年前には１０００人にひとりになり、いまやふたりにひとりが何らかのアレルギー症状を抱えているという調査結果が出ています。現在、アレルギーのひとは、日本に４６００万人もいると言われています。

アレルギー疾患の最初の原因は「微生物の排除」だと言えますが、患者が増加している背景には、現代人の暮らしのさまざまな問題点が複合的に絡み合っていることがあります。「食事を変える」「化学物質を避ける」「アレルゲンとの接触を避ける」……など、確かにそれぞれ大切ではあるのですが、個々のものに着目するのは本質ではありません。

アレルギー疾患の原因となるものはすべてつながっているので、アレルギー対策には、暮らし全体・社会全体を見る視点が大切です。具体的な方法は、P38から詳しくご紹介します。

アレルギー疾患の原因 1

微生物の排除

よかれと思って使っている、抗生剤やワクチン、除菌・抗菌グッズ、塩素（漂白剤など）、フッ素（歯みがき剤など）は、微生物（常在菌）にダメージを与えます。なるべく頼らないことが大事です。

ほかに、電磁波や放射性物質などは、微生物（常在菌）はもちろん、わたしたちのからだに負担をかけます。

アレルギー疾患の原因 2

自律神経のアンバランス

アレルギーは、現代の子どもたちに多い「ストレス（刺激）が少なすぎる生活」でも起こりやすい病気です。

たとえば、天気のよい日でも外あそびをせず、家の中でボーッとテレビを見ている、近所へ行くにもいつも車移動……など、現代特有の「ストレスが少なすぎる」怠惰な生活環境は、副交感神経が優位に働き続けるため、アレルギーが発症しやすくなると考えられます。

アレルギー疾患の原因 3

食の欧米化

現代人は油（とくに炎症を引き起こすオメガ6系の油）を摂りすぎています。まずは、油全体の摂取を控えましょう。揚げものやスナック菓子などは控え、洋食よりも和食、と意識するとわかりやすいでしょう。

オメガ6：オメガ3の理想比が「3：1」とされるなか、現代人は最大「50：1」とも！　オメガ6を摂りすぎている現代人の食生活が、アレルギーの増加に関係していると考えられます。

腸内細菌を育てる暮らし

人間のからだにもともと備わっている「免疫力」。
その免疫力を支えているのが、
大腸に棲む常在菌、いわゆる「腸内細菌」たちです。
腸内細菌をいい方向に育てるには、ふだんの暮らしが大切です。

チェック1

腸内細菌がよろこぶものを食べていますか?

からだは、食べたものでできています。そして当然、わたしたちが食べたものは、腸内細菌の栄養にもなります。

食べるものを選ぶ基準は、自然に近いものかどうかです。地域の自然な土壌で育った野菜には、その土地に合った微生物や栄養が豊富です。発酵食品も積極的に摂りましょう。腸内細菌が元気なら、たくさん食べなくても必要な栄養をつくり出してくれます。

なにより、子どもは親の姿勢を見ています。子どもがちいさなときから、大人も一緒に食卓を囲み、同じものを食べる習慣をつくりましょう。

■できるだけ母乳育児を

できれば2歳頃まで母乳育児を！　風邪や熱中症などが多発する時期は、母乳なら飲めるという子が多く、入院を防いだり、安心感にもつながります。母親の仕事や体調にもよりますが、長期的なメリットは大きいです。

■基本は和食中心

日本人には、和食がもっとも合っています。腸内細菌のエネルギー源となる玄米などの炭水化物（多糖類）に加えて、味噌汁、漬けものが基本です。

■有機・自然農法の野菜

農薬や化学肥料などの化学薬品を使わないで育てた野菜は、わたしたちの腸の健康にとって必要な微生物や栄養が豊富です。

■身土不二（しんどふじ）

その土地でとれる作物は、その土地の微生物が育てた、そこに住む生物にもっとも合う食べもの。だから、住んでいる地域でとれた旬の食材をいただくのが、ベストなのです。

■一物全体（いちぶつぜんたい）

作物は、全体で生命として完全で、それを丸ごといただくことによって、消化・吸収・代謝機能が過不足なく有効に働きます。

また、野菜を皮ごと食べると、よく噛むことにもつながります。唾液がたっぷり出ると、消化を助け、口腔内の状態も良好になります。

■天然の調味料

わたしたちの食事に欠かせない調味料、とくに塩は、ぜひ天然の伝統的な製法でつくられた、ミネラル豊富なものを使ってください。

■ま・ご・わ・や・さ・し・い

おかずは、「ま」豆・「ご」ごま・「わ」わかめなどの海藻類・「や」野菜・「さ」魚・「し」しいたけなどのきのこ類・「い」いも類をバランスよく摂ることで、腸内環境が整います。

■食物繊維

食物繊維は、腸内の状態を整える効果が高いすぐれた栄養素です。

水溶性（昆布、わかめなど）と不溶性（穀類、豆類、きのこ類など）の食物繊維をまんべんなく摂りましょう。

■発酵食品

発酵とは、善玉菌によって、ほかの生物を生かす作用です。和食は世界でもっとも発酵食品を摂る健康食です。

味噌、しょう油、漬けものなどの発酵食品は、腸内環境をよい状態に整えます。

チェック2

毎日の暮らしは自然に沿ったものですか？

日常的に行っている習慣も、腸内細菌にとって大切です。「自然に沿っているかどうか」を基準にしてみると、情報に振りまわされることもありません。

ただし、理想ばかり追い求めると、現実から離れて、かえってストレスになり、不自然にもなります。まずは、できることをひとつでもはじめてみることが、大きな変化につながります。

■メリハリのある生活

食べる・寝る・あそぶを、時間を決めてメリハリをつけて営むといいでしょう。朝の日課をもつなど、朝の時間が決まると一日がスムーズにまわります。

子どもには、基本の生活リズムの安定が欠かせません。それにより、子どものきげんがよくなり、自律神経やホルモンのバランスが整います。

■ひととふれあう

子どもの成長には、ひととふれあうことが欠かせません。親、友だち、先生、近所のひとなど、さまざまなひととふれあい、表情を見て、肌で感じることを通じて五感を発達させ、人間として多くのものを学んでいきます。最近は、女性の社会進出などで、早期の母子分離も当たり前になっています。だからこそ、ふれあいを意識できるといいですね。

■外であそぶ

子どもたちの運動能力低下の最大の原因は、外であそばなくなったことでしょう。外あそびには、体力や運動能力が上がるだけでなく、五感やこころの発達、免疫力や学習能力、社会性の向上、微生物にふれるなど、多くのメリットがあります。

できるだけちいさいときから、たくさんからだを使った外あそびをさせましょう。

■土にふれる

身のまわりの菌をなるべく少なくすることが、清潔で健康的であるという考えがまかり通っていますが、現代病の原因は清潔にしすぎることにあります。

土の中は、ひとの腸内以上に微生物が豊富です。免疫系をはじめ、からだが正常に働くためには、これらの微生物と接することがとても大切です。外あそびや、家庭菜園などを通じて、土にふれる機会を増やしましょう。

■手づくりする

食べるものをはじめ、手間ひまかけて何かをつくることは、こころとからだの健康につながります。

はじめは面倒に感じても、続けることで効率もよくなり、たのしみも大きくなります。親子で共通にたのしめるものを見つけるのもいいですね。

チェック3

腸内細菌のバランスを崩す食生活をしていませんか？

腸内細菌のうち、悪玉菌（P25）が引き起こす作用を「腐敗」と呼びます。悪玉菌が多いと、腸内の調和や連携が崩れて、腐敗（病気）のほうに進んでしまいます。

腐敗を加速させてしまうのが、次のような食事・生活です。

生活

■滅菌・除菌を頻繁にしている

菌は悪者にされがちですが、自然界に存在する菌にはかならず何らかの役割があります。わたしたちのからだは、たくさんの菌と共存して生きていくことを前提に成り立っています。

滅菌・除菌グッズ、うがい薬、芳香剤、フッ素入り歯みがき粉、漂白剤、温水洗浄便座などは、腸内細菌をはじめとする大切な常在菌にダメージを与えます。

■抗生剤や薬（ワクチンを含む）の使用が多い

抗生剤は、腸内細菌をはじめとする常在菌にダメージを与えます。そのため、細菌性の病気などで、重症化を招く恐れのある場合など、使いどきを見

食事

■化学物質や遺伝子組み換え食品を多く食べている

腸内細菌や人体にダメージを与えるものとして、化学物質が挙げられます。

たとえば、農薬、食品添加物、トランス脂肪酸（植物油に人工的に水素を添加してつくられた油。市販のマヨネーズやスナック菓子に使用）、放射性物質などがあります。それらは加工食品などにも多く含まれています。

食品表示に気をつけるのはもちろんのこと、できるだけ素材そのものを選ぶようにしましょう。

■精製された食品を食べている

精製された小麦や白砂糖などは、ビタミン、カルシウムなどのミネラルが欠けています。それを補う

ために、骨やほかの臓器からビタミン類を奪うので、精製された食品を食べれば食べるほど、体内のミネラルバランスが崩れることになります。

　また、白砂糖は冷え（下段参照）も引き起こします。

■油を摂りすぎている

　油の摂りすぎも、腸内環境にはマイナスです。揚げものやスナック菓子は極力控えましょう。

■肉や乳製品を摂りすぎている

　現代人は肉を摂りすぎています。肉などの動物性食品を多く摂ることは腸内環境のバランスを崩します。

　また、それ以上に環境に与える悪影響が問題だと考えています。家畜1頭を育てるのに、飼料として穀物を1日7～10kgも必要とします。いま世界には餓死するひとが1日5万人近くもいるというのに、です。わたしが肉食を勧めないのは、健康のためという以上に、こうした地球環境のためでもあります。

■食事中に水分を摂りすぎている

　唾液には消化酵素が含まれます。よく噛んで唾液と混ぜることで、胃や腸の負担を減らせます。ところが、食事中または食後すぐに水分を摂ると、せっかくの唾液が流れてしまいます。

　また、水分で流し込みながら食事をすると、よく噛むことをさまたげ、腸の負担を増やすことに。


極めることが重要です。ウイルス性の風邪に対して、抗生剤を使う必要はありません。

■からだが冷えている

　冷えは、からだとこころに想像以上の影響を及ぼしています。夏の冷房や食べすぎ、食品添加物、季節に合わない食べもの、からだを冷やす食べものなどに注意する必要があります。

　寒い季節でも、子どもが元気にあそんでいる間は気にしすぎる必要はないでしょう。ただし、活動後は急に体温が下がるので、注意してあげましょう。

チェック4

子どもの「熱」と「うんち」を見てみましょう

ふだんから平熱がよい状態（左の1参照）に保たれていると、血流がよくなります。血流により白血球や免疫に関わる物質が全身をめぐることができ、外からやってくるウイルスなどから、からだを守ります。平常時の熱は、ウイルスや病気に対する備えとしての役割があります。病気や感染が起きたときは、熱を高くすることで、からだは免疫力を上げています。このときの高熱は、病気や感染に対抗するよう全身に伝える、アラーム機能となります。

免疫力の発揮に欠かせない腸内細菌の状態をおしえてくれるのが、うんち。消化の状況やおなかの調子もわかります。「よいうんち」（左の2参照）は腸内細菌のバランスがベストに保たれている証です。

熱とうんちでひっかかるところがあれば、食べもの、日常生活、メンタルのどこかに問題があると考えましょう。

1 熱をチェック！

37℃前後がベスト

理想の平熱は、子どもも大人も、36・5〜37・5℃です。一見高いように見えますが、むしろ逆で、現代人は35℃台など平熱が低すぎる傾向にあります。平熱が低いと、免疫力も低下しがちです。

熱は自分の免疫力を知る目安になります。

2 うんちをチェック！

きょうは「よいうんち」？

におい、形、色、排便時の感覚、一日の回数などを、流す前にチェックするようにしましょう。

「よいうんち」リスト

- □ バナナのように形がしっかりしている
- □ 太すぎず、細すぎず、ちょうどいい太さ
- □ かたくもなく、やわらかくもない（便秘でも下痢でもない）
- □ 色は薄い茶色・焦げ茶色　新生児は緑色もあり
- □ においがきつくない
- □ いきまずにスムーズに出てくる（食物繊維が足りていると、膜に覆われたようになり、スーッと出る）
- □ 排便は1日1～3回

チェック5

家庭でセルフケアをしましょう

体温が低いときは、基礎代謝の低下、食べすぎなどで消化管に血流が集中している、添加物や化学物質の分解にエネルギーを消費している、塩分制限や、逆に砂糖、季節に合わないもの、冷たいものの摂りすぎ、血流の低下、冷暖房などの使いすぎ、シャワーだけで入浴をすませている、運動不足や日光に当たっていない、などの理由が考えられます。

うんちがにおう、下痢・便秘をくり返すなど、便の状態が悪いなら、動物性食品の食べすぎをはじめとする食生活のみだれやストレスなどにより、腸内環境が悪化しています。

不調時は、すぐに薬や病院に頼るのではなく、まずは、2～3日は肉や乳製品、油ものを控えるなど、日々の見直しを。薬で症状を抑えるのではなく、からだが治ろうとする力を引き出すことで、根本的に改善でき、免疫力も高まります。ケアが必要なときは、腸内環境を悪化させない自然なお手当てを。

セルフケア 1

不調のサインを見逃さないように

子どもは自分で不調を訴えられないことがあります。でも、いつもより食欲がなかったり、表情に元気がなかったり、顔色が悪くなったりと、不調のサインはわかりやすいものです。

熱やうんちのチェックに加えて、いつもと違うようすに気がつけば、子どもの不調に早く対処ができます。

よくある不調のサイン

- □ きげんが悪い
- □ 血色が悪い
- □ 食欲がない
- □ 手足が冷たい
- □ 体温がいつもと異なる
- □ うんちがくさい

セルフケア 2

「腸のリセット」と「水分補給」を

不調時は、まずは、食事を控えて腸の状態を整えます。とくに、食べすぎや、精製された砂糖・小麦でできた甘いもの、動物性のもの、油っぽいもの、人工的な加工食品の摂りすぎは、腸の負担になるうえ、体温を下げ、冷えのもとになります。チェック3（P42〜43）も参考に、食べるものを選んでみてください。

食事を控えながら、お茶、野菜スープ、味噌汁などで水分とミネラルをこまめに補給します。

子どもの病気と、医療を選ぶ力

病気は「絶対にならないほうがいいもの」でしょうか。
病気にならないために、薬やワクチンを使うことが、
本当に、丈夫なからだづくりに必要なのでしょうか？
主体的に「医療」を選べるようになりましょう。

薬ってどんなもの？

風邪を治すのは、「風邪薬」ではありません

一般的な風邪の場合、かならずしも西洋医学の薬に頼る必要はないと考えます。

「風邪」は、もっともありふれた、自然に治る病気の代表です。医師も軽い病気の代名詞として、「風邪」ということばを使うことがあります。

たとえば、「急性胃炎」（嘔吐や下痢、腹痛などがある病気）を「おなかの風邪」と患者さんに伝えることがあります。軽い病気であることを伝えるために「風邪」の名を利用しているのです。

風邪の原因のほとんどはウイルス（抗生剤の効かない微生物）です。一般的な「風邪薬」とは、ウイルスを退治する薬ではなく、風邪のさまざまな症状を緩和するための「対症療法」の薬です。熱さまし、痰《たん》をやわらかくして出しやすくする薬、鼻水を抑える薬、のどの痛みを緩和する薬などがあります。これらの薬を複数混ぜたものが「総合感冒薬」です。

もし風邪薬を飲んだ後に治ったとしたら、それは「風邪薬でつらい症状を抑えている間に、自分の自然治癒力により回復した」ということです。風邪薬は、症状をマイルドにして自然治癒を助けるものです。

「熱さまし」「抗生剤」は必要に応じて使いましょう

現代人は熱に敏感すぎる傾向があります。

熱が高いからといって、元気のある子に安易に「熱さまし」を与えるのは疑問です。熱が1℃上がるたびに、免疫力は上昇します。せっかく自分で高めた免疫力を、薬で下げてしまうと、病気に立ち向かう力を失うことになりかねません。

「抗生剤」は口腔内細菌や腸内細菌の状態を悪化させてしまうので、安易に使うべきではないと考えています。わたしの場合は、「3日経っても熱が下がるようすがない」「明らかに細菌性の症状が出ている」場合以外は、原則として処方していません。

もちろん、抗生剤は人間を多くの病気から救ってきましたし、絶対に抗生剤を使ってはいけない、というわけではないことを補足しておきます。

乳幼児健診ってどんなもの？

乳幼児健診の目的は、保護者に安心を与えること

乳幼児健診は、母子健康法に基づいて各市町村が行い、いわゆる医療機関（医師）に委託するかたちで実施されています。大きな柱は「病気の発見」と「栄養指導」です。時期としては、0歳児対象の乳児健診、1歳半健診、3歳児健診。乳児健診の時期を生後何ヶ月に設定するかは各市町村に任されています。

医師はからだが大きくなることを「成長」と言い、神経機能が増えることを「発達」と言います。その両方を含めて「発育」と表現します。かつてはこれだけをチェックしていましたが、最近になって、発達障がいの問題が注目されるようになり、「情緒面」のチェックも入るようになりました。自治体によっては、臨床心理士や保健師が診るケースもあります。

医師が健診でみていること

❶ からだの成長

身長、体重、頭囲、胸囲といった、からだの成長状況をチェックし、肺や心臓などの臓器や性器などに「異常」はないか、全身を診察して病気の有無をチェックします。

❷ 神経の発達

首のすわり、寝返り、ハイハイ、つかまり立ち……といった発達をチェックします。ことばについてのチェックもこの分野です。

❸ 情緒面の発達

いわゆる精神活動や、行動の「異常」がないかのチェック。「友だちとあそびますか？」「クレヨンで丸を描きますか？」などの質問項目がそれにあたります。

❹ 保護者のケア

子育てをするうえで困りごとや心配ごとがあれば、助言や指導を行います。とくにわたしが重視しているのがここ。乳幼児健診の最大の役割は、保護者に安心を与えることだと考えています。

「発育曲線」はあくまで目安です

乳幼児健診の柱のひとつに「栄養指導」が掲げられているため、母子健康手帳には発育曲線が大きく取り上げられています。発育曲線では、100人の子どもがいるとき、上から3番目と下から3番目の間を「平均」の範囲（下写真の色がついた部分）として設定しています。

ここの範囲に含まれていることを求められる場合が多いのですが、大事なのはあくまでも、これは「平均」だということ。「平均」の範囲から多少はずれていても、曲線のカーブがずれていても、その子のペースで元気に育っていれば、気にしなくていいでしょう。

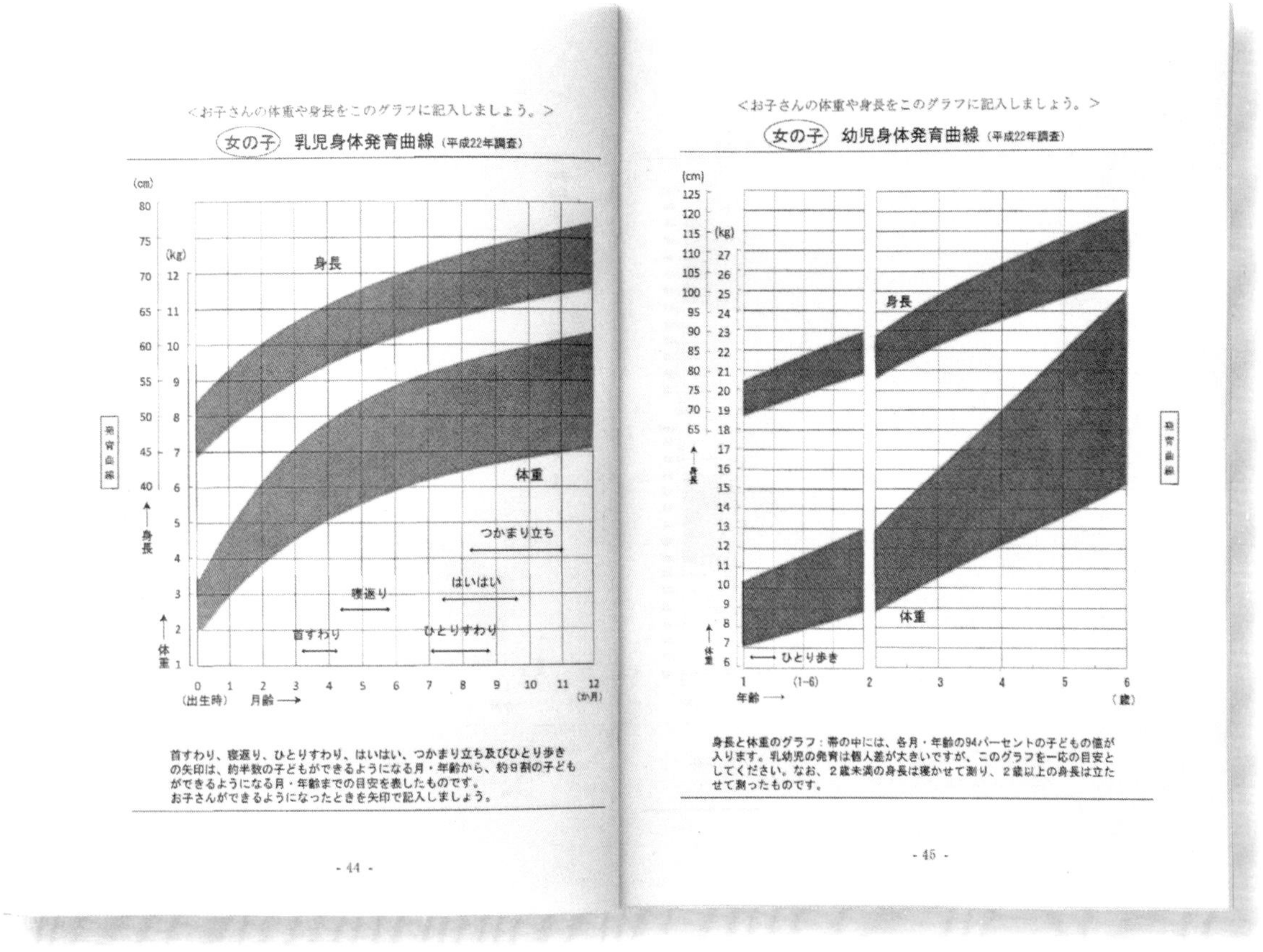

母子健康手帳出典：母子健康法施行規則（昭和40年厚生省令第55号）様式第3号 平成23年改正（厚生労働省）

「個人差」と「異常」はまったく違います

成長、発達には個人差があり、100人いれば100通りの発育の仕方があります。

現代人はことあるごとに「一定の枠に入らねば」という考えに捉われがち。許容範囲が狭すぎることが、さまざまな苦しさを招いているのではと感じます。もちろん、明らかな「異常」がある場合は病院での受診や検査が必要ですが、ほとんどの場合は、いわゆる個性・多様性の範囲内です。

また、健診には一応マニュアルがあるものの、自治体の考え方によっても、医師など健診を行う側の知識や経験によっても、その診断基準は違ってきます。

少しでも気になる点を「異常」と捉え、指導を行うこともあれば、多少のことなら「大丈夫ですよ」で終わることもあります。「健診で指導を受けて傷ついた……」という保護者のみなさんの声を聞くのは、残念ながら、そうした地域や医師の判断の差にも原因があるのでしょう。

もしある時点から発達が止まっていたり、「いままでできていたことができなくなった」ということがあれば問題ですが、そうではないかぎり、月齢によって「こう育っていなくてはいけない」「何ができていなくてはいけない」と厳密に考える必要はありません。

たとえば……

「母乳が足りてないのでは？」

体重が平均より少ないと、こう言われることがあります。でも、その子なりに少しずつでも体重が増えていれば心配いりません。母乳不足の可能性がある症状として、科学的に証明されているのは「体重が増えていない」「おしっこが出ていない」の2点のみです。

たとえば……

「発育曲線の真ん中になっていないと、発達に影響が出ますよ」

発育曲線はあくまでも平均値。「真ん中」を求めるのは誤りです。乳幼児期はひとの一生のなかでもっとも急激に発達・発育を遂げる時期。急に成長が止まったり、発達が後退したり、極端に数値が増減するようなことがないかぎり、心配することはありません。

たとえば……

「まだことばが出ないんですか？」

3歳頃から急速にことばが増える子も珍しくありません。もし、3歳を過ぎてもまったくことばが出ない場合は、聴力の問題、知能の問題、いわゆる発達障がいに関連する問題（コミュニケーションができないなど）のほか、多くの要因が考えられます。それらの兆候を見逃さないよう注意深く見守り、発育・発達の状況なども踏まえて総合的に判断することが大切です。

たとえば……

「まだ歩かないんですか？」

「歩けるかどうか」といった「いまこの時点」のみで判断するのではなく、これまでその子の発達・発育がどう進んできたかを見るほうが重要です。その子なりのペースで、ゆっくりでも前に進んでいれば、大丈夫です。

予防接種ってどんなもの？

「賛成」「反対」の前に、しっかり考えましょう

まず、わたしは予防接種「反対派」ではありません。

現在すべての予防接種は法律的に「義務」ではありませんので、各家庭によって、メリット・デメリットを充分に考えたうえで選択することを勧めており、そのための情報を伝えています。

歴史的にも、生死にかかわるような重篤な感染症はすべて、患者がほぼ見られなくなった後にワクチンが登場していますので、感染症の管理に重要なのは予防接種ではなく、公衆衛生だと言えます。なかでも、いちばん効果を発揮したのは、上下水道の普及です。

現在、医療関係者のほとんどが「予防接種は予防医学として確立されており、ワクチンを打つのが当たり前」という考えだと思います。かつてのわたしもそうでした。しかし、これはあまりに短絡的な考え方です。予防接種を「勧める」ことは問題ないと思いますが、「強制」してはならないと考えます。

予防接種を強く推奨するひとは、現代ではほとんどない病気や合併症を、恐怖をあおりながら強調して伝えているように感じます。予防接種を受けるかどうかに、決まった答えはありません。

副作用と同時接種の危険性を見逃さずに

すべての予防接種には副作用が発生する可能性があります。

予防接種は、おもに元気な子に打つものなので、病気になってからの治療薬以上に、使用を慎重に考えなければなりません。接種後に副作用が起こった場合、時間が経つほど予防接種と副作用の因果関係がわかりにくくなります。日本ではこれを理由に、副作用はほとんどが「因果関係なし」か「不明」に分類されています。

また、数種類のワクチンを同時に打つ、あるいは数種類のワクチンを混合して打つ「同時接種」の危険性を示す論文は存在しませんし、これからも出てくることはありません。すべての薬や添加物の毒性試験は1種類ずつしか行われず、複数を同時に接種して正確に比較対照試験をしようとすると、人体実験になってしまうからです。

ワクチンに含まれる水銀（Hg）などの添加物ひとつとっても、副作用を示す論文は多数ありますが、副作用の原因はそれだけではありません。

ワクチンをつくるときのウイルス、細菌、培養液、培養細胞、血液、抗生剤、精製する薬物など、同時接種であるほど、未知のものに対する危険性が増えるのは当然のことでしょう。

予防接種について、遠慮せず話せる社会にしましょう

「多くのひとがしているから正しい」という科学的な法則は、ひとつもありません。何を判断の拠りどころにするかは、それぞれが決めることであり、決して強制されるものではありません。

ですから、わたしの意見や論文も参考のひとつと考え、自分なりに勉強し、判断すればよいのです。そして、自分と違う選択をしたひとを非難するのではなく、尊重し合えるような世の中になることを望みます。

予防接種は社会全体の問題で、反対派も賛成派も含めみんなで議論していく必要がある課題です。したがって、医療者と争うことで議論が先に進まないのも問題ですし、「わが子は受けさせません」で話が終わってしまうのも問題です。

実際よく聞くのは「予防接種をしない＝育児放棄」とみなされるケース。育児放棄とは、子どもの存在を無視することなので、きちんと勉強していることを伝えれば「子どものことを第一に考えて決めた」という姿勢を示すことになり、虐待ではないことが伝わるはずです。ポイントは「争わない」こと、「勉強していると伝える」ことです。

いまは勉強し、疑問を深めたひとほど圧力を受けがちな社会。これが何よりも問題です。近い将来、少なくとも「みんなが自由に選択できる」世の中になっていくといいですよね。

予防接種を正しく理解するために 1

接種は義務ではない

定期接種も任意接種も、義務ではありません。

ちなみに……

「定期接種」と「任意接種」とは？

「定期接種」は、法律に基づいて市町村が主体となって実施する予防接種。そのため、公費（一部自己負担）で受けられます。

「任意接種」は、希望者が各自で受ける予防接種。費用は自己負担となります。

「定期接種」と「任意接種」の振り分けに、かならずしも決まった基準はありません。一般には、病気自体の重症度と、ワクチンの有効性と安全性などを考慮しているとされます。

予防接種を正しく理解するために 2

感染者の増減理由

ワクチンに効果がまったくないわけではありません。ですが、100年以上の歴史から見ると、ワクチンが登場するのはいつも、ワクチンが予防するとされる感染症（天然痘《とう》、麻疹《ましん》、百日咳《ぜき》など）の患者数・死亡数がともに大幅に減少した後です。

しかし、ワクチンを推奨するひとは、あたかもワクチンのおかげで感染症が大幅に減少したかのように伝えています。実際はワクチンが登場する以前から、とくに重篤な感染症は激減しています。

予防接種を正しく理解するために 3

ワクチンの有用性

予防接種には、はじめから効果が低いものもあります。

たとえばインフルエンザワクチンやＢＣＧワクチンには、ほとんど感染の予防効果は期待できません。

また予防接種は、短期的な効果はあるものも多いのですが、一方で持続効果ははっきりしないか、ほとんどないものが多いと考えられます。

たとえば麻疹《ましん》（はしか）ワクチンは当初、１回接種を受ければ生涯の免疫がつくとされましたが、効果が低いため、現在は２回接種になりました。それでも日本では毎年、麻疹（はしか）にかかるひとが少数いて、割合的には予防接種を受けたことのあるひとのほうが多く発症しています。これは、子どもの頃に受けた予防接種でつけた免疫が切れているためです。

ほかに、水痘《すいとう》（水疱瘡《みずぼうそう》）ワクチンは近年、予防接種が定期化（子どもへのほぼ全員接種）されてから、帯状疱疹《たいじょうほうしん》の激増と低年齢化を認めています。これも予防接種でつけた免疫が早くに切れるためと、短期的な効果によって発症者が減り、ブースター効果（Ｐ15）が得られなくなったためです。

予防接種を正しく理解するために 4

ワクチンの成分

予防接種による副作用と、ワクチンに含まれる添加物に不安があります。

ワクチンには、人体に有害な水銀、アルミニウム、ホルムアルデヒドをはじめ不妊を招くともされるポリソルベート80やスクワレンなどの添加物が多数含まれます。そのうえ厚生労働省は、接種後28日以降に発生したものは（結核を除き）副作用と認めないことが多いのです。

予防接種を正しく理解するために 5

ワクチン以外の対策

感染症に対する対策には、病原体など自分の「外側」に対するものと、自分自身（＝「内側」）に対するもののふたつがあります。

外側の対策とは、なるべく病原体に接触しないようにすること。手洗い、うがい、マスクのほか、外出を控えたりします。ワクチンや治療薬もこちら側になります。

これに対して、内側の対策とは、腸内細菌をはじめ日常の生活を整えること。自分の内なる力を高めることを意味します。

外側と内側のどちらを優先するかは、その病気の流行状況や重症度などを充分に考慮する必要があります。外側の対策ももちろん必要ですが、それは本質的なものではなく、内側の対策こそが根本的で大切だと、わたしは考えています。

予防接種を正しく理解するために 6

医学論文の信憑性

現代の医学論文は、都合のいいように改ざんされることも珍しくありません。そのことを常に、頭の片隅に入れておくようにしましょう。

子ども対象の予防接種の種類

「生ワクチン」は、生きたウイルスや細菌を使ったもの。強い免疫はつくが、感染リスクも。「不活化ワクチン」は、死んだウイルスや細菌を使ったもの。効果が弱く、複数回の接種や多くの添加物が必要。

定期接種

B型肝炎ワクチン
B型肝炎の予防のための不活化ワクチン。

B型肝炎ウイルスは、5歳までの子どもが感染すると持続感染（キャリア）となりやすく、将来、慢性肝炎、肝硬変、がんを発症することがあります。感染は、ほとんどすべてが母子感染によるものです。両親のいずれか（とくに母親）がウイルスのキャリアの場合にリスクが高くなります。

ヒブワクチン
ヒブ＝インフルエンザ菌bの感染を防ぐ不活化ワクチン。

小児用肺炎球菌ワクチン
肺炎球菌の感染を防ぐ不活化ワクチン。

ヒブ、肺炎球菌はともに常在菌の一種なので、健康なひとには悪さをしません。何らかの原因で免疫力が低下した場合に、上気道感染や中耳炎、副鼻腔炎、肺炎などを起こす代表的な菌のひとつです。まれに細菌性の髄膜炎を起こします。髄膜炎は、とくに2歳までのリスクが高く、死亡したり重篤な後遺症を残したりする可能性があります。
母乳には、ヒブと肺炎球菌に対する抗体（免疫）も含まれるので、可能なら2歳まで続けることが理想です。

四種混合ワクチン（DPT-IPV）
ジフテリア、百日咳、破傷風、ポリオ（急性灰白髄炎）を予防する不活化ワクチン。

ジフテリアは、クループ症候群（P148）による呼吸困難を伴う重篤な感染症ですが、現在の日本ではまったく見られません。抗生剤も効果があります。
百日咳（P144）は、百日咳菌が出す毒素によって、特徴的な咳発作を起こします。年長児が重症になることはありません。まれですが、生後6ヶ月くらいまでの子どもが感染した場合、呼吸が止まる発作を起こすことがあります。その時期までは外出を控えるなどの注意をするとよいでしょう。
破傷風は、土の中にいる破傷風菌が、皮膚の傷などから感染して起こります。菌が出す毒素による神経障がいで、けいれんや呼吸困難を起こすことがあります。年間発生数は100人前後で、ほとんどが成人（とくに高齢者）であり、発症後の死亡率は10～20%です。破傷風は、感染が疑われる外傷を負ってからもワクチン接種が有効です。
ポリオは、ポリオウイルスの感染により、永久的に四肢に麻痺が残る（いわゆる「小児麻痺」）病気です。麻痺を起こすのは、年長児以上の場合がほとんどです。日本では、1981年以降、40年以上自然発生はありません。海外でもわずかに2ヶ国で残っているのみとされています。

ワクチンに関してより詳しく知りたい方は、以下も合わせて参照してください。
『自然に沿った子どもの暮らし・体・心のこと大全』本間真二郎／著（大和書房）、「自然派医師のブログ」https://shizenha-ishi.com/blog/

ＢＣＧワクチン

結核を予防する生ワクチン。

ＢＣＧワクチンには、通常の肺結核の予防効果はほとんどありませんが、結核性髄膜炎や粟粒結核を予防する効果はあると考えられています。

ただし、これらの感染リスクは生後6ヶ月までが高いのですが、一般的にワクチン接種を受けるのは生後5ヶ月以降です。

ＭＲ（麻疹・風疹）ワクチン

麻疹（はしか）と風疹（3日ばしか）を予防する生ワクチン。

麻疹は、感染力がとても強い麻疹ウイルスによって起こります。高熱とともに全身に発疹が出ます。10日から2週間ほど症状が出ます。全身症状が強いときは入院になりますが、現在の日本での死亡はほとんどありません。年間患者数は数百人ほどですが、たまに1万人ほどの発生になります。

風疹は、風疹ウイルスの感染によって起こり、発疹と微熱、首のリンパ節が腫れるなどの症状が出ますが、3〜4日で治るとても軽い病気です。年間患者数は数百人ほどですが、たまに1万人ほどの発生になります。ただし、妊娠初期に妊婦が感染すると、出生時に重篤な後遺症が出る先天風疹症候群（年間発生数はほとんどの年で0から数人ほど）を起こすことがあります。女の子であれば、妊娠可能な年齢になる前に抗体値を測定して、免疫がなければワクチンを打つという選択肢もあります。

水痘（水疱瘡）ワクチン

水痘（水疱瘡）を防ぐ生ワクチン。

水痘（水疱瘡）は、感染力の強い水痘・帯状疱疹ウイルスの感染により起こります。とても軽い病気で、水ぶくれ（水疱）を伴った発疹が全身に出ます。年間発生数は数十万人です。このワクチンはもともと、健康な子どもではなく、白血病の治療中など免疫状態が低下したひとに使われていました。

問題は、一度感染すると、ウイルスが完全に排除されることはなく、症状がないまま体内に潜伏し、免疫力が落ちた場合に帯状疱疹として発症することです。以前は自然感染で強い免疫がつき、さらにブースター効果（P15）により免疫を維持していたため、帯状疱疹は高齢者に見られる病気でした。

日本脳炎ワクチン

日本脳炎のを防ぐ不活化ワクチン。

日本脳炎ウイルスは蚊（コガタアカイエカ）が伝搬します。現在の日本では感染してもほとんどが無症状で、ごくまれに脳炎を起こします（1000人にひとりほどと言われていますが、実際ははるかに低いと考えられます）。

脳炎になると、頭痛、嘔吐、けいれん、意識障害などが見られます。年間患者数は5名ほどで、ほとんどが高齢者です。ワクチンは、現在の日本ではほぼ役割を終え、必要ないという意見が多くあります。一方で、ワクチン接種による副作用は毎年報告されています。*

＊たとえば2013年4月〜2020年6月の間にアナフィラキシー32人、脳炎・脳症28人、急性散在性脳脊髄炎24人。

任意接種

ロタウイルスワクチン

ロタウイルスによる胃腸炎を予防する生ワクチン。

胃腸炎の原因のほとんどはウイルス感染によるものですが、そのうち約半数はロタウイルスです。おもに3歳以下に見られますが年長児でも見られます。嘔吐に続いて水溶性の下痢が見られます。脱水が疑われる場合は入院になりますが、日本での死亡はほとんど見られません。

このワクチンでは、胃腸炎のもうひとつの原因であるノロウイルスを予防することはできません。

おたふく風邪ワクチン

おたふくかぜ(流行性耳下腺炎)を予防する不活化ワクチン。

おたふく風邪は、ムンプスウイルスの感染による耳下腺の腫れと発熱が見られ、1週間ほどで回復します。無菌性髄膜炎を起こすことがありますが、ウイルス性であるためほとんどが後遺症もなく治ります。

思春期以降は睾丸炎の合併が高いのですが、片側で不妊になるわけではありません。また、難聴の後遺症(片側で1000人にひとり程度)があるとされ、これらの合併症や後遺症を防ぐために、思春期頃にワクチンを打つという意見もあります。

インフルエンザワクチン

インフルエンザを予防するワクチン。主流は不活化ワクチンだが、生ワクチンもある。

インフルエンザウイルスは感染力も強く、毎年冬季に流行が見られます。年間の推定患者数は1000万人、死亡数は1万人ほどと見積もられています。

インフルエンザは、高熱など症状も強い風邪の一種になりますが、とくに子どもでは脳炎・脳症を起こすことがあり、死亡したり、後遺症が出たりすることがあります。脳炎・脳症の発症数は年間100~200人ほどで、死亡は10~20%ほどになります。

ワクチンによる感染の予防効果は、論文や報告によりさまざまですが、もっとも改ざんされにくいかたちで発表された論文を、世界中から数十年間分(数十万例)をまとめたものでは、ワクチンの効果はほとんど認められません。重症化を予防する効果もはっきりしていません。

「ちょっとした症状」はおうちで治せます

子どもがいる家庭の救急箱

熱が出た、咳《せき》が出る、鼻がつまっている……
病院や薬に頼るほどでもない
「ちょっとした症状」が出たときに、
備えておくと役に立つ「救急箱」の提案です。

P66以降で紹介する「お手当て」で使う食品の多くは、クレヨンハウスのウェブショップと東京店・大阪店でもお求めいただけます。

たとえば……しょうが、里いも、こんにゃく、大根、自然塩、梅干しなど。

オーガニックで自然に育てた農作物は、時期により在庫がない場合がございます。

クレヨンハウスe-shop　www.crayonhouse.co.jp
クレヨンハウス東京店 野菜市場 tel 03-3406-6477(10:00〜19:00)　クレヨンハウス大阪店 tel 06-6330-8071(11:00〜19:00)

備えておきたい「救急箱」

いざというときに使えるお手当てを、
救急箱に備えましょう。

自然のものを利用したお手当てで、やさしく治しましょう

はじめから市販薬や処方された薬に頼りすぎてしまうと、ただ症状をなくすだけになるうえ、自分の治る力を抑えてしまう場合もあります。

自然のものを利用したお手当てで、からだをやさしくサポートする方法をご紹介します。

「この症状には○○しなければいけない」というものではなく、選択肢がいくつかある中で、子どもの気分や状態に合ったものを選ぶとよいでしょう。年間を通じてどのようなものが必要か、使いやすいかをイメージして、あらかじめ準備しておくとスムーズです。

自然のお手当ては、ひとつのものを長い間続けていると、からだが慣れてしまい、効果が感じられなくなってきますので、いろいろな方法を組み合わせるとよいでしょう。

また、お手当ては症状が出はじめたら、できるだけ早くはじめて、こまめに行ってあげることがポイントです。

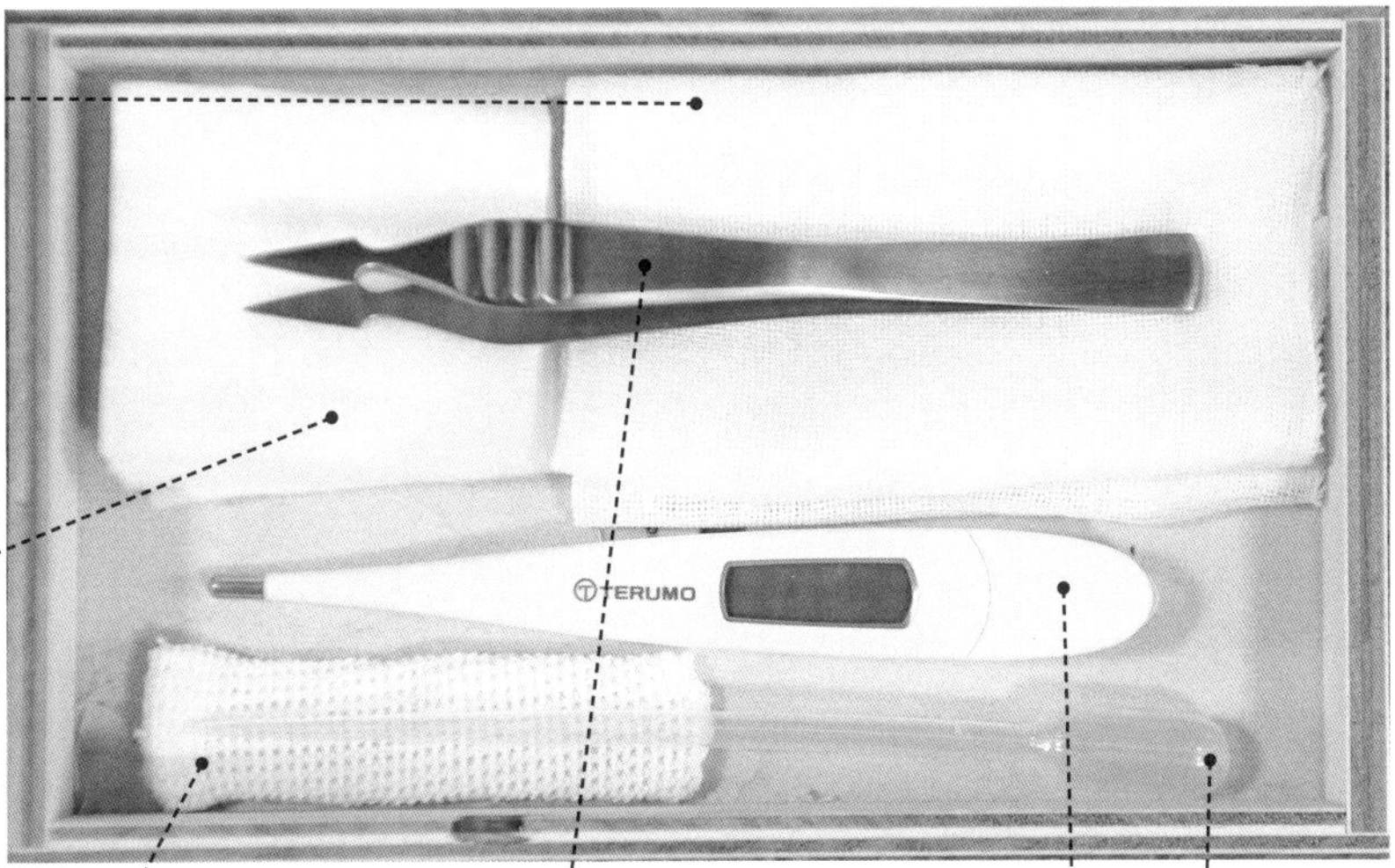

ガーゼ
湿布はもちろん、
出血時などにも
活躍します。

脱脂綿
エキスを染み込ませて、
汚れをふき取ったり、
鼻や耳に詰めたり。

指サック型ガーゼ
指先のケガに。
子どもの指に合った
サイズを。

ピンセット
細かい作業に。
とげぬきとの併用も
おすすめです。

体温計
ふだんの
体調チェックに。

スポイト
子どもの鼻や耳に
直接エキスを落とす
ときに便利です。

携帯用

ポイズンリムーバー（虫などにさされた箇所から毒や針を抜く道具）や、消毒用のビワの葉焼酎漬け（P75）、アルコール、軟こうなどをちいさい容器に詰めてまとめておくと、外出時に便利です。

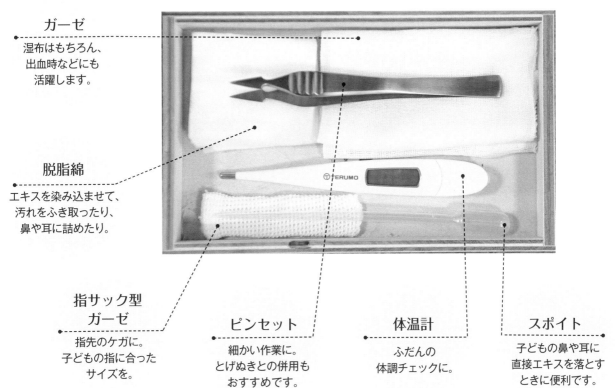

自然なお手当

★印のものは、必要なときにその都度用意し、それ以外のものはまとめてつくっておくと便利です。ほかにも、トラブルに応じて薬草などが活躍します。詳しくはP78からを参考にしてください。

里いも★
熱のある痛みなどに、すりおろして使います。
→P68〜69

塩《しお》温《おん》石《じゃく》★
炒った塩を入れた布袋。腹痛のときに、腹部に置いて使います。
→P70

カリンエキス★
風邪を引いたり、のどが痛いときに。お湯で溶いて飲みます。
→P74

ビワの葉焼酎漬け
やけどや切り傷のある箇所に塗ります。
→P75

梅肉《ばいにく》エキス
風邪や腹痛などのときに。お湯で溶いて飲みます。
→P73

大根あめ★
のどが痛いときに。
→P71

梅干し
冷え、食欲不振をはじめ、どんな症状のときでも応用可能です。
→P72

台所や庭先にあるものが、お手当てのベースになります

自然なお手当てのベースになるのは、台所にあるものです。しょうが、里いもやじゃがいも、こんにゃくなど、その季節に手に入るものを使ったり、豆腐なども常に冷蔵庫にあるようにすると便利です。

食品の場合、季節でないと手に入りにくいものもありますので、年間計画に組み込んで、1年分を準備しておくとよいでしょう。

たとえば、春にはヨモギの採取、梅雨時期に梅仕込み、夏の土用の時期（薬草の生命力が旺盛とされる時期）にドクダミなどの薬草採取、秋にシロップ用の果物やセイタカアワダチソウを手に入れておく、など。

ヨモギ、ドクダミ、ゲンノショウコ、オオバコ、ユキノシタ、ビワの葉、セイタカアワダチソウなど薬草は、いまは自然食品店やネットショップなどで購入できます。または、ユキノシタなどは鉢やプランターに、庭があればカリンやビワの木を植えておくのも手です。

収穫したものは、乾燥させて煮出したり、生葉を直接利用したりします。たとえばユキノシタの生葉は、炎症によく効くとされ、熱や咳《せき》、乳幼児に多い急性中耳炎*やひきつけに昔から使われています。薬草茶として日常利用する場合は、番茶に乾燥した薬草を入れると、子どもでも飲みやすくなります。

＊中耳炎の場合はしぼり汁を脱脂綿に染み込ませるか、スポイトで1〜2滴耳に入れるとよいでしょう。

里いも

発熱しているとき、熱のある痛みなどに。すりおろして小麦粉などと合わせ、湿布として患部に貼って使います。

常備するときは……

・生のものが手に入る時期は、皮つきのまま保存し、使うときにすりおろします。
・生のじゃがいもでも代用できます。
・里いも粉（粉末状の里いも、小麦粉、粉末状のしょうがを合わせたもの）を使ってもよいでしょう。

里いも湿布

❶ 里いもの皮を厚めにむきます（かゆみを引き起こす物質は、皮の近くに多く含まれ

❷ 里いもをすりおろします。

❸ しょうがもすりおろします。しょうがの分量は、里いもの10％になるように調整しましょう。

❹ ❷の里いも＋❸のしょうがに、同量の小麦粉を合わせ、ガーゼなどにのばします。

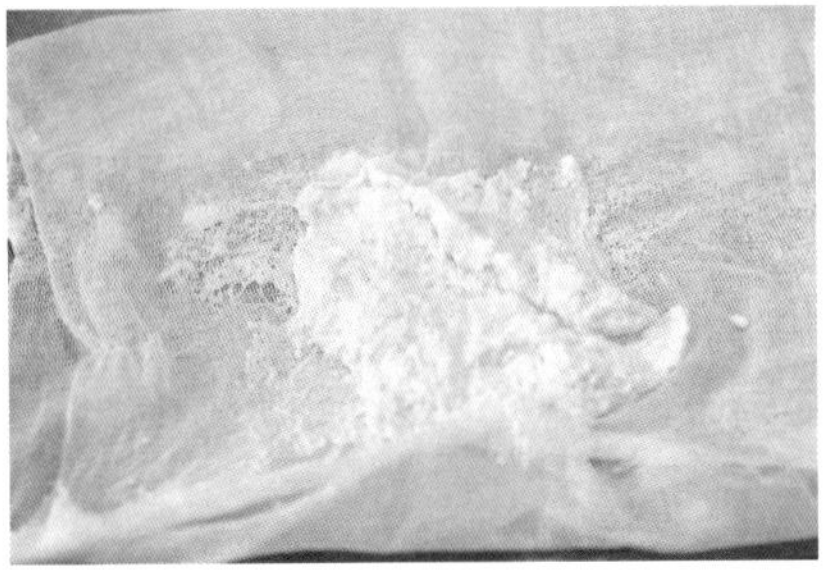

❺ 貼りたい場所の大きさに合わせて、❹を包みます。

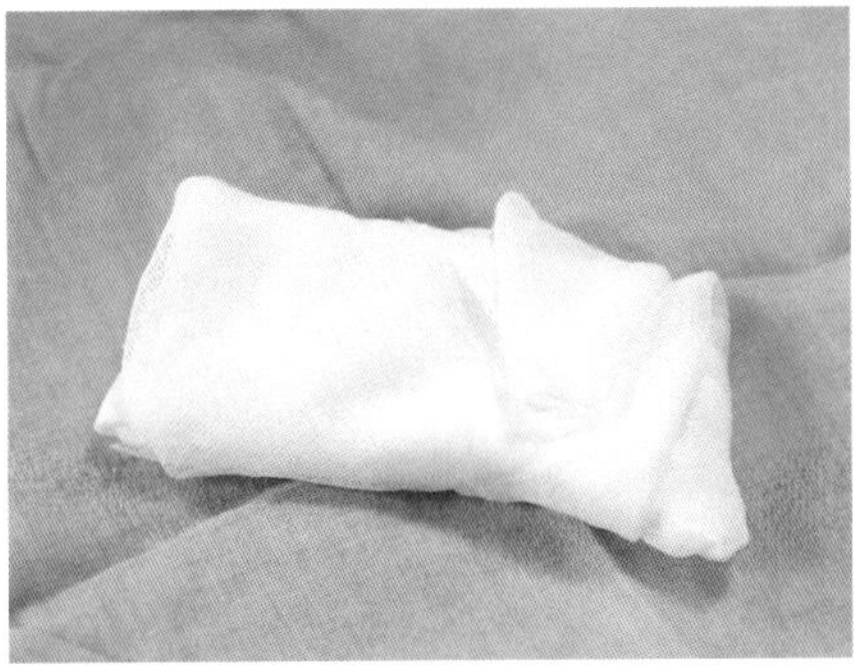

❻ ❺をバンダナや手ぬぐいなどで包み、患部に結わえるようにして貼ります。肌がかぶれる場合は、ごま油を患部に塗ったうえで貼るとよいでしょう。

塩温石《しおおんじゃく》

塩を炒って、布袋に入れたもの。
下痢やおなかが痛いときなどに、腹部に置いて使います。
こんにゃく湿布（P79）でも同様の効果が期待できます。

常備するときは……

・ふだん使っている天日海塩を使用しましょう。
・塩はくり返し温めて使えます。

❶自然塩500g程度を、フライパンや土鍋に入れ、弱火で10分ほど炒ります。

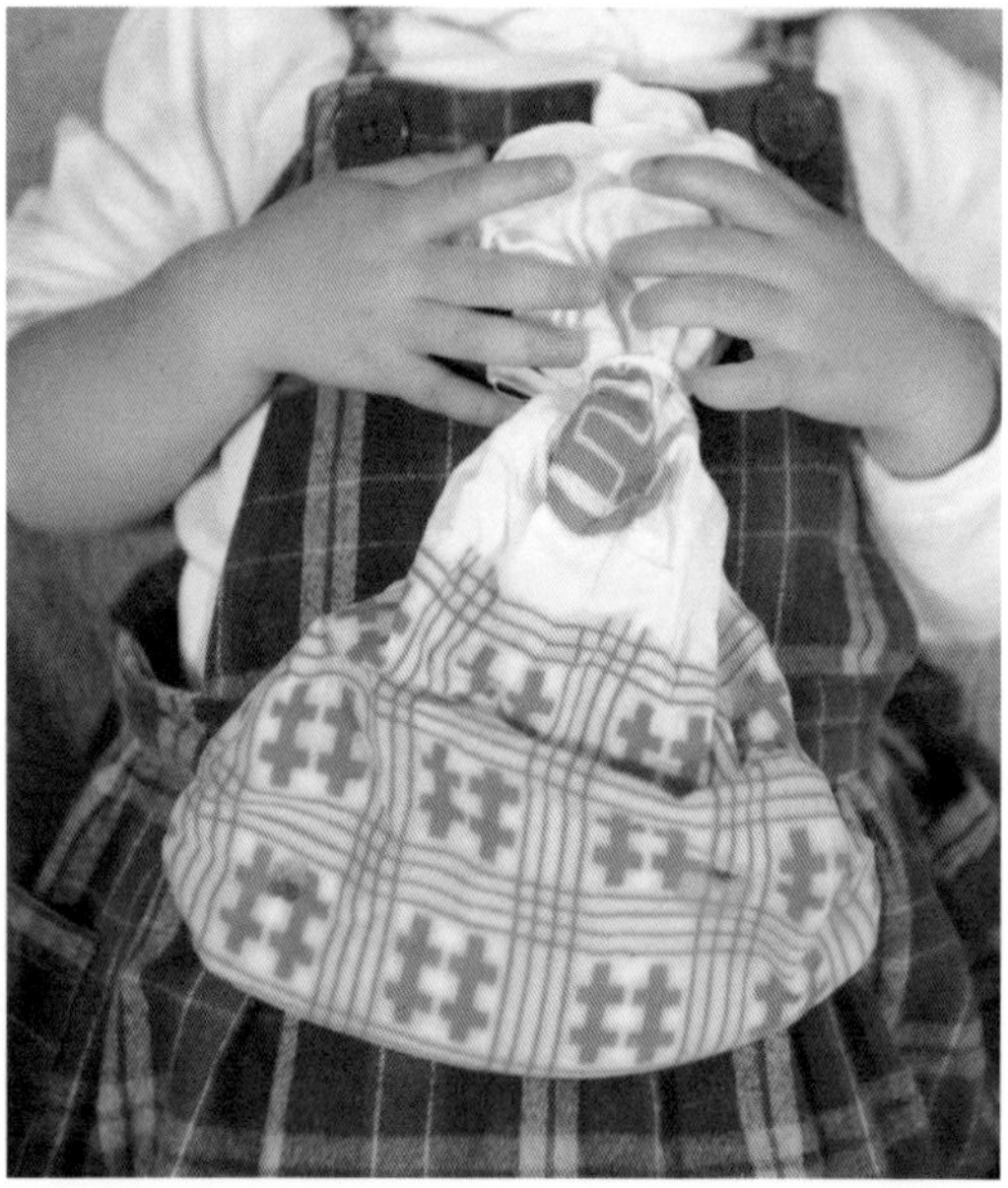

❷❶を、厚めの布袋に入れて口を縛ります。それでも熱い場合はタオルなどに包んでから、患部に当てましょう。

大根あめ

咳《せき》・痰《たん》・のどの痛みなど、のどの炎症全般に使えます。

大根をはちみつ*に漬けてつくるエキス。1歳未満は、はちみつではなく、水あめや米あめでつくるとよいでしょう。そのままなめたり、お湯などに溶いたりして摂ります。

*はちみつにはボツリヌス菌が含まれることがあるため、1歳未満の乳児には与えません。

常備するときは……

・保存期間は数日のため、その都度つくるようにします。

❶ 大根を角切りにして、煮沸消毒した瓶に入れます。大根の部位は好みで大丈夫です。

❷ 大根が浸るくらいにはちみつをかけ、ひと晩置きます。水が出て大根がしんなりしたら取り除きます（大根も食べられますが、部位によっては辛味があるので注意を）。

梅干し

冷え、食欲不振をはじめ、どんな症状のときでも応用可能です。体調が悪いとき、何も食べられないとき、熱中症対策に、子ども自身が、梅干しをほしがることも多いです。そのまま食べるほか、梅醤《しょう》番茶にしても。

常備するときは……

・塩分18～20％のものを常備しておくと安心です。子どもと一緒に毎年手づくりするのもいいですね。その場合、一緒にできる梅酢も活用できます。

梅醤《しょう》番茶

❶ 梅の種を取り、実をほぐします。

❷ しょう油を数滴加えて混ぜます。苦手な子でなければ、しょうがのすりおろしを適量加えても。

❸ 熱い番茶を注ぎます。子どもが飲みやすい温度に冷ましてから、飲ませましょう。

梅肉《ばいにく》エキス

消化器系全般、風邪や腹痛などのときにも使える万能薬です。
お湯で溶いて飲みます。

常備するときは………

・素材や製法がしっかりした、信頼できる製品を選んで、一家にひとつ常備しておくと安心です。

大人は大豆1粒、子どもは耳かき1杯程度（写真参照）を目安に摂りましょう。

カリンエキス

風邪を引いたときや、のどが痛いときに。
キンカンを使ったキンカンエキスでも。
そのままなめたり、お湯で溶いたりして飲みます。
はちみつ*を使うので、1歳以上から飲めます。

*はちみつにはボツリヌス菌が含まれることがあるため、1歳未満の乳児には与えません。

常備するときは……

・1年以上置いたものがよりよいので、カリンやキンカンが手に入る時期にたくさん仕込むのがおすすめです。

❶ 茶色く熟したカリンを、皮ごといちょう切りにします。キンカンの場合は、切れ目を入れます。

❷ 種も一緒に、煮沸消毒した瓶に入れ、❶がつかる程度のはちみつに浸します。

❸ 1～2ケ月経ったら果肉などを網で漉し、エキスを煮沸消毒した別の瓶に移し替え、飲むことができます。冷蔵庫に入れると、より安心して保存できます。

ビワの葉焼酎漬け

やけどや切り傷のある箇所に塗ります。ビワの葉を焼酎に漬けてつくります。仕込むのはいつでもいいですが、できれば早春の寒い時期に、肉厚のしっかりした葉を手に入れてつくりましょう。

常備するときは……

・熟成に半年ほどかかるのと、日常的に使えるので、ビワの葉が手に入る時期にたくさん仕込むのがおすすめです。

❶ 葉を1cmほどに細く刻んで、煮沸消毒した瓶に入れ、葉がつかる程度の焼酎（35度）に浸します。

❷ 半年経ったら、葉を取り出して完成です。常温で保存できます。不純物が入らなければ、数年もちます。

＊アルコールが苦手な子やあかちゃん、傷がしみる場合は、ビワエキス（ビワの生葉を細く刻み、水で濃く煮出したエキス）をつくるとよいでしょう。冷蔵庫で1～3ケ月程度もちます。

覚えておきたい「救急箱」

子どものようすがいつもと違う！
そんなときに役立つ、お手当てを集めました。

風邪っぽいときに
よくある症状は……

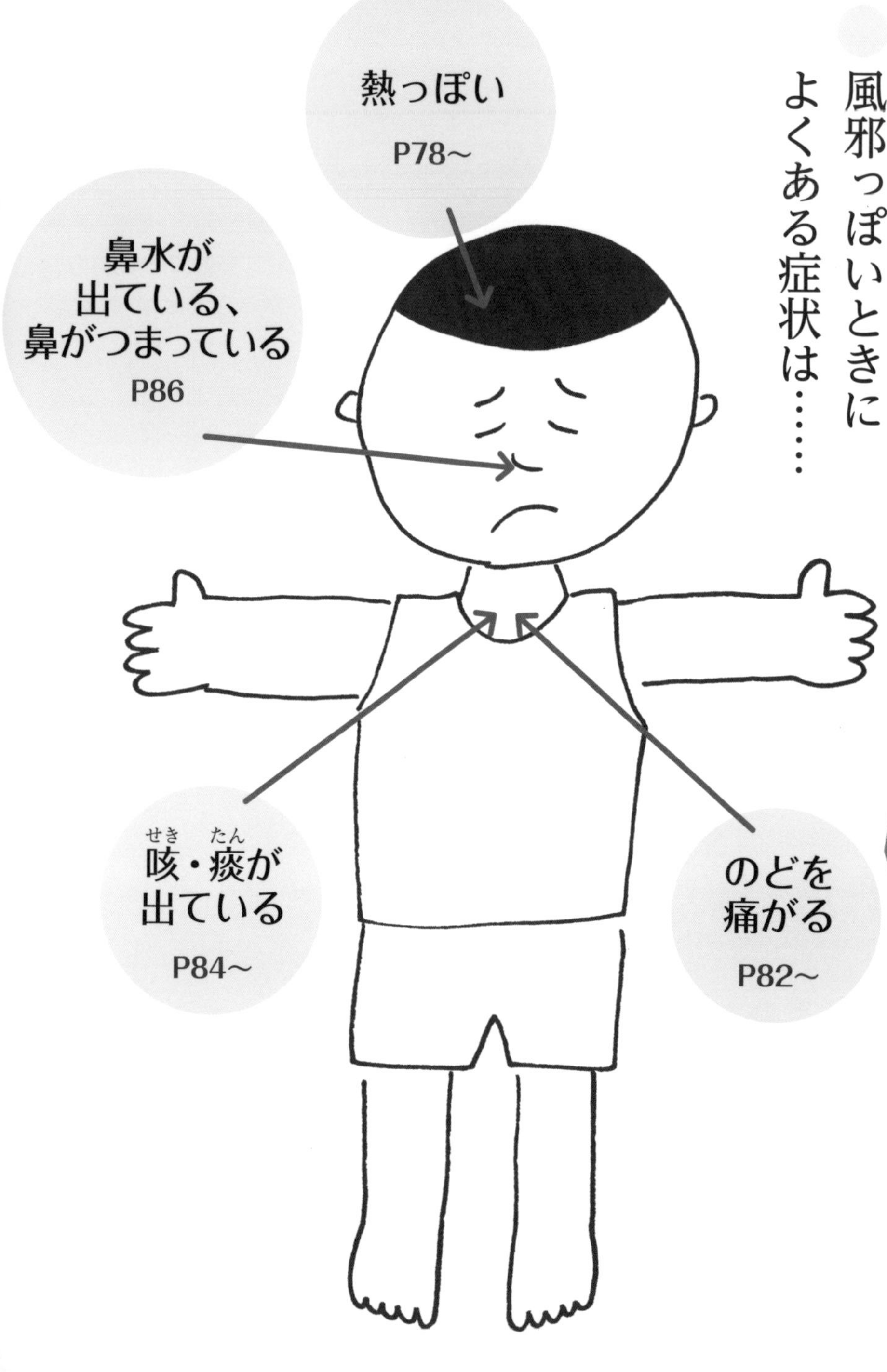

そのほか、よくある症状は……

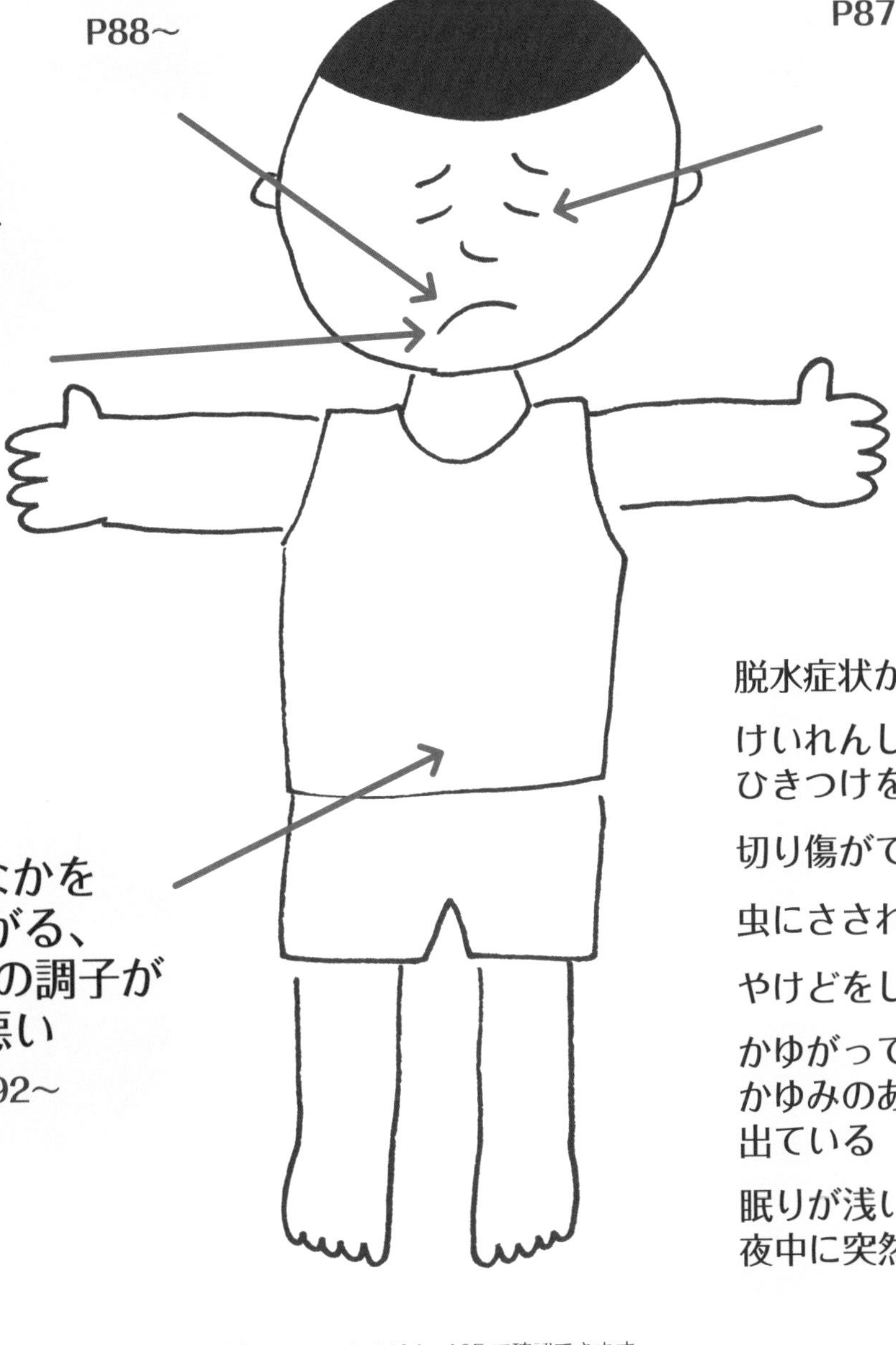

そのほかの症状や具体的な病名については、P104～105で確認できます。

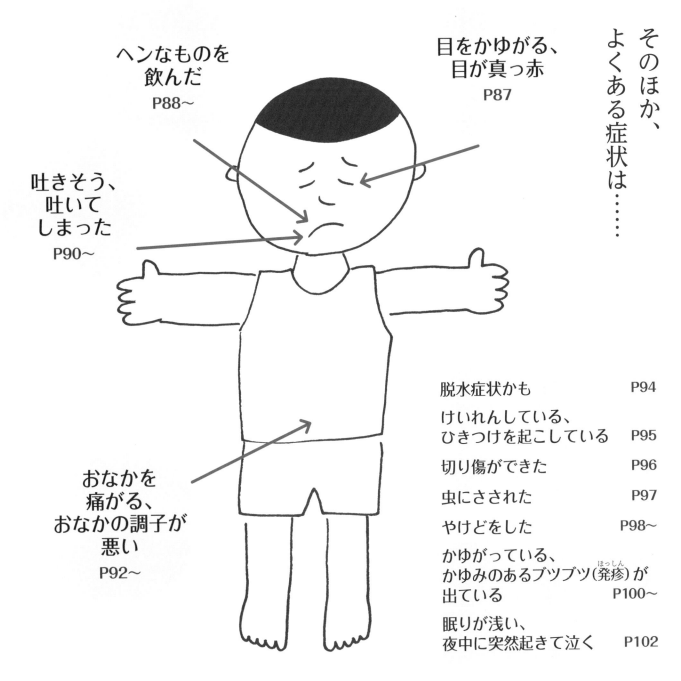

熱っぽいときの救急箱

高熱：40℃以上
危険な高熱：42℃以上
（体温の調節機能が働かなくなるため）

熱が出るのはこんなとき

水分補給をしましょう

ミネラルや栄養があり、カフェインの入っていないものを用意しましょう。

冷ました麦茶、ほうじ茶、番茶／野菜スープ、味噌汁／ハーブティー／りんごジュース、りんごのすりおろし、りんごの葛湯（りんごジュースかりんごのすりおろしに、葛粉を入れてとろみをつけたもの）／梅《ばい》肉《にく》エキス（P73）

からだを温めましょう

解熱剤や氷などで無理に熱を下げるのではなく、一時的に体温を上げて免疫力を発揮させるほうが、結果的に早く熱が下がります。また、熱が上がりきる前は悪寒を訴えることも多いでしょう。

梅醤《しょう》番茶（P72）や大根湯を摂ったり、足湯やこんにゃく湿布が効果的です。

大根湯

❶湯飲みに、大根おろしとしょうがのすりおろしを10：1の割合で入れ、しょう油を加えます。

❷熱い番茶を注いで、子どもがやけどしない程度に冷ましてから飲ませましょう。

足湯

❶少し熱めのお湯（42℃程度）を、たらいやバケツなどに入れ、足首が浸かるようにします。

❷5～20分ほど浸かりましょう。冷めてきたら、一度足を出してから差し湯をするようにします。

＊大根干葉《ひば》（大根の葉っぱを干したもの）など、からだを温める薬草を入れてもよいでしょう。

こんにゃく湿布

❶こんにゃく2丁（大きい場合は、1丁を半分に切ってもよい）を水からゆで、沸騰したら火を弱めて、さらに10分熱し続けます。熱したら引きあげ、乾いたタオルで包みます。

❷肝臓、丹田（おへその下あたり）を10分程度温めます。

❸その後、うつ伏せにさせて腎臓を10分温めると、からだ全体が温まります。

＊いやがる部位は行わないなど、子どもの欲求に沿って温めるようにしてください。

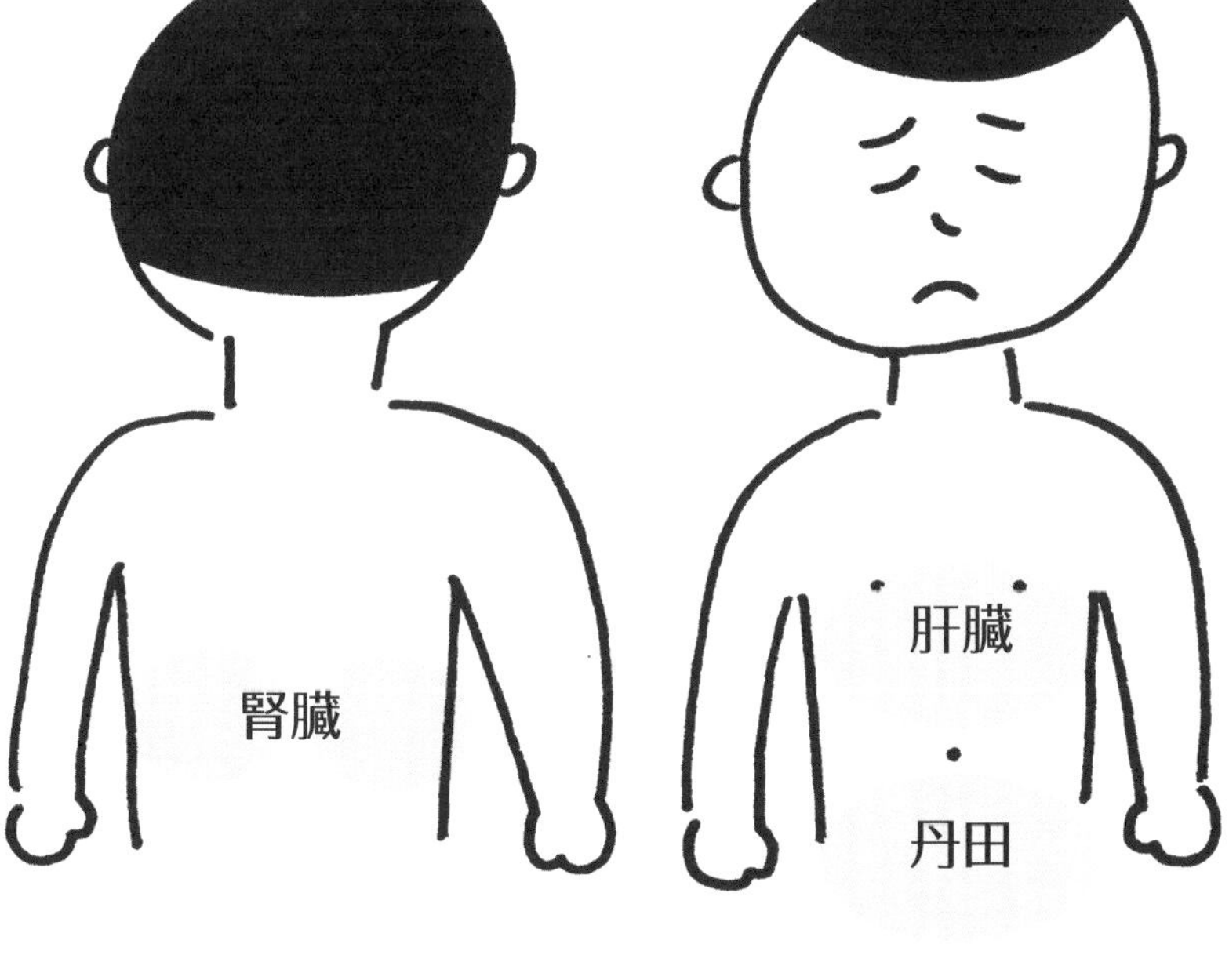

熱の苦しさを和らげましょう

　太い動脈が走っている首、腋《わき》の下、鼠蹊《そけい》部（股）などを冷やすと、苦しさが和らいでラクになります。

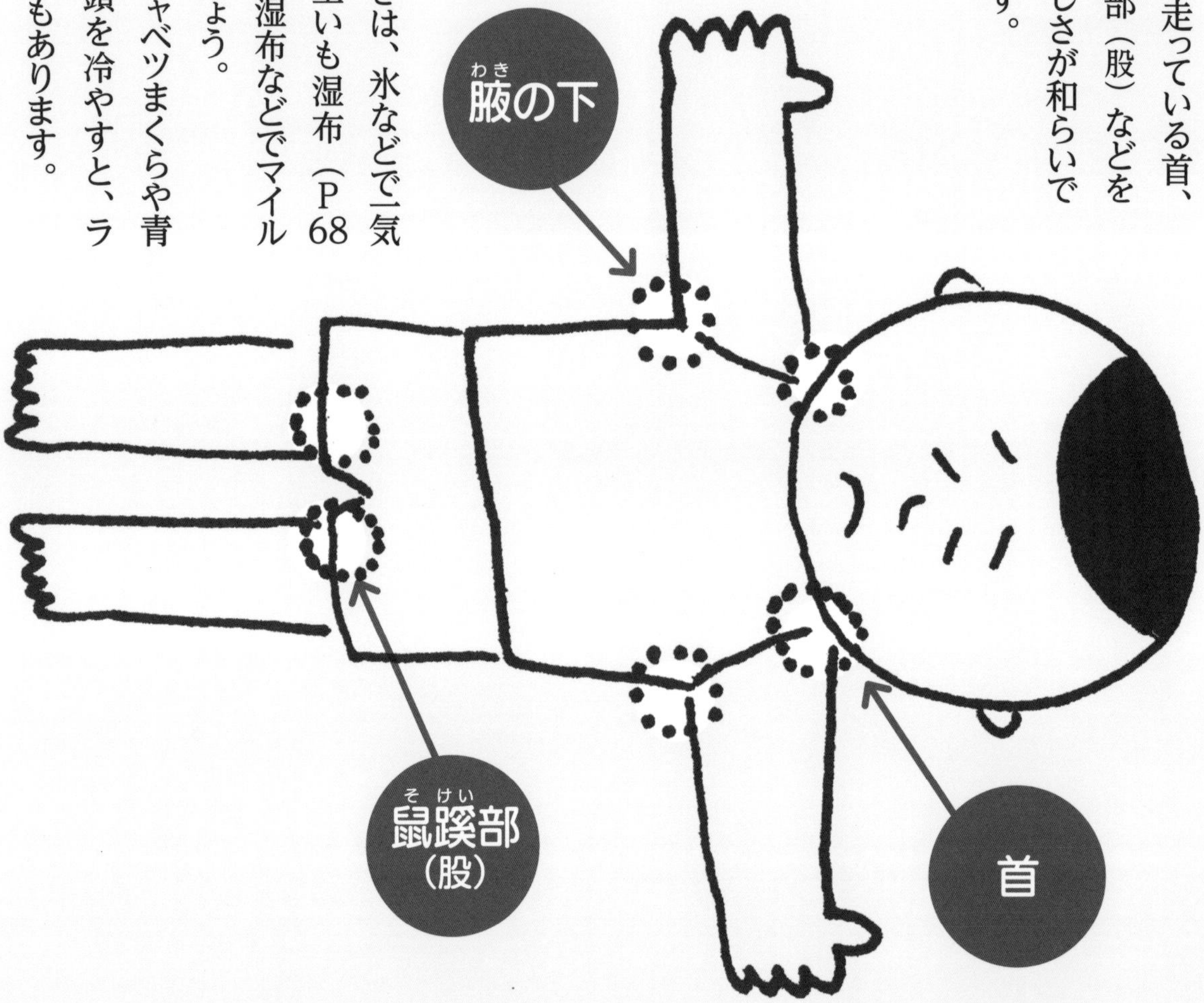

　冷やすときは、氷などで一気に下げず、里いも湿布（P68～69）や豆腐湿布などでマイルドに下げましょう。

　または、キャベツまくらや青菜まくらで頭を冷やすと、ラクになることもあります。

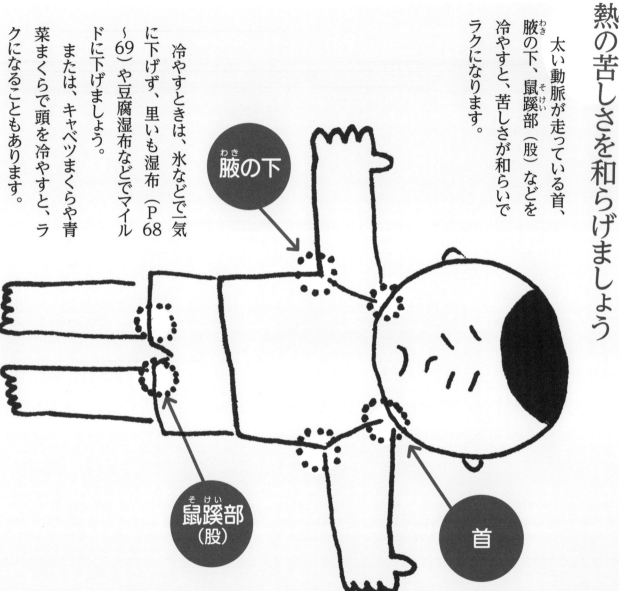

豆腐湿布

❶ 豆腐の水を切り、しょうがのすりおろし少々と混ぜてつぶします。
❷ 小麦粉を混ぜ、水が垂れない程度のかたさにします。
❸ ガーゼで包み、バンダナなどで、部位に結わえつけるようにして当てましょう。

＊ 子どもの場合は熱が下がりすぎることがあるので、少量から試しましょう。

キャベツまくら、青菜まくら

キャベツ：
子どもの頭が収まるサイズの葉っぱに、直接子どもの頭をのせて寝かせます。バンダナなどで固定してもよいでしょう。

青菜：
子どもの頭に合った大きめの青菜（ほうれん草、小松菜）に、直接子どもの頭をのせて寝かせます。バンダナなどで固定してもよいでしょう。

のどを痛がるときの救急箱

のどの痛みを、内側から和らげましょう

のどの炎症を抑える効果が期待できるものを摂ったり、活用しましょう。

大根あめ（P71）／カリンエキス、キンカンエキス（P74）／りんご、レンコン、大根のおろし汁

＊はちみつにはボツリヌス菌が含まれることがあるため、1歳未満の乳児には与えません。

おろし汁……

すりおろして、しぼった汁をそのまま、またはお湯で薄めて飲みます。

塩番茶でうがい……

❶ 番茶に、約1％量の天日海塩を溶かします。

❷ うがいができる温度まで冷まして使います。

＊ ビワエキス（P75）、薄めた梅酢などでもよい。

のどが痛いのはこんなとき

のどの痛みを、外側から和らげましょう

湿布をつくって、のどに貼りましょう。

里いも湿布（P68〜69）／梅干し湿布／ユキノシタ湿布

梅干し湿布……

種を取った果肉を、ガーゼなどで包み、のどに貼ります。

ユキノシタ湿布……

生葉をよくもんでから、そのまま、のどに貼ります。

咳《せき》・痰《たん》が出ている ときの救急箱

咳・痰が出るのは
こんなとき

新型コロナウイルス感染症　106
風邪　108
インフルエンザ　112
エンテロウイルス感染症　118
RSウイルス感染症　136
のどの痛み　140
咳《せき》　142
百日咳《ぜき》　144
喘息《ぜんそく》　146
クループ症候群　148
誤飲・誤嚥《ごえん》　150

咳を鎮めましょう

水分を補給しつつ、咳を鎮める効果が期待できるものを摂りましょう。

梨、レンコンのおろし汁／オオバコ（咳止めとして用いられる植物）のお茶

おろし汁……

すりおろして、しぼった汁をそのまま、またはお湯で薄めて飲みます。

のどに湿布を貼りましょう

湿布をつくって、のどに貼りましょう。

里いも湿布（P68〜69）

痰を鎮めましょう

植物の酵素が痰切りに効果的とされています。味の濃い食事は避けましょう。

梨、レンコン、りんご、大根のおろし汁／大根あめ（P71）／カリンエキス、キンカンエキス（P74）

＊はちみつにはボツリヌス菌が含まれることがあるため、1歳未満の乳児には与えません。

おろし汁

すりおろして、しぼった汁をそのまま、またはお湯で薄めて飲みます。

鼻水が出ている、鼻がつまっている

ときの救急箱

鼻水が出る・鼻がつまっているのはこんなとき
風邪 108
インフルエンザ 112
エンテロウイルス感染症 118
花粉症 132
鼻水・鼻づまり 134
RSウイルス感染症 136

鼻づまりを和らげましょう

大根あめ（P71）を摂ったり、鼻づまりを和らげる効果が期待できるものを活用しましょう。

＊はちみつにはボツリヌス菌が含まれることがあるため、1歳未満の乳児には与えません。

おろし汁……

大根またはレンコンをおろしてしぼった汁を、スポイトで1〜2滴、直接鼻に入れます。または、脱脂綿に含ませて、鼻に入れましょう。

ハッカ油で芳香浴

たらいなどに湯を張り、ハッカ油を数滴垂らして、その湯気を吸いましょう。ハッカ油の量は、子どもの好みで調整しましょう。

鼻のムズムズを和らげましょう

塩番茶でうがい……

❶ 番茶に、約1％量の天日海塩を溶かします。

❷ うがいができる温度まで冷まして使います。

＊ビワエキス（P75）、薄めた梅酢などでもよい。

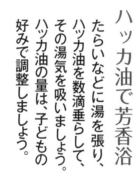

目をかゆがる、目が真っ赤
なときの救急箱

目がかゆい、充血・腫れがあるのはこんなとき
プール熱　120
結膜《けつまく》炎　130
花粉症　132
食物アレルギー　152

目のかゆみを和らげましょう

塩番茶やビワエキス（P75）を使ってケアをするとよいでしょう。

塩番茶……

番茶に、約1％量の天日海塩を溶かします。

目を洗う……

冷ました塩番茶か、約1％の塩水（ぬるま湯でも）で、直接目を洗いましょう。

＊まだ自分で洗うことがむずかしい子の場合は、大人が両手で水をすくい、子どもがそこに目をつけて、まばたきさせましょう。

目の温湿布……

適温にした塩番茶やビワエキス（P75）を、ガーゼに滴らない程度に染み込ませて、目の上に10分ほど当てましょう。

ヘンなものを飲んだときは
誤飲・誤嚥《ごえん》 150

食べもの以外が食道から体内に入った「誤飲」の場合

吐かせていいもの

「消化管異物」の場合：
口の中に異物が見えたら、指をそっと入れて取り除きます。

タバコ、薬、化粧品の「急性中毒」の場合：
気づいた時点で、のどの奥に指を入れて吐かせます。

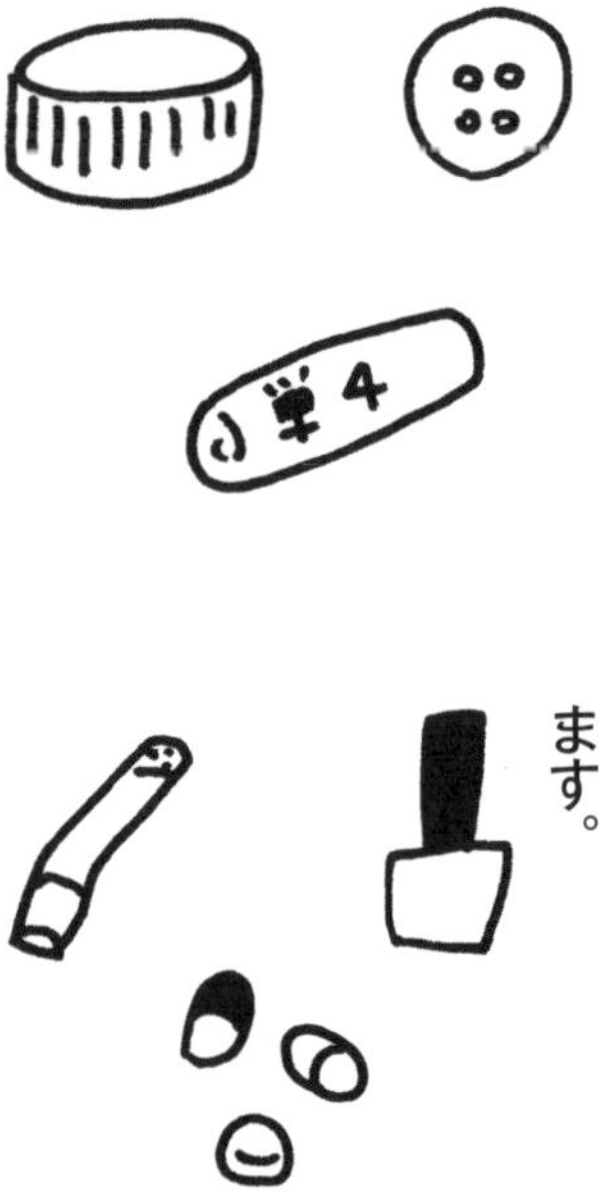

吐かせてはいけないもの

次のようなときは、迅速に病院や救急（119）に相談します。

「消化管異物」の場合：
口の中に異物が見えないときは、安易に吐かせるのは避けましょう。

灯油・ガソリン、塩素系漂白剤、シンナー、殺虫剤、酸性・アルカリ性洗剤など液体による「急性中毒」の場合：
肺に入ったり、食道から胃が傷ついたり、けいれんなどを起こす可能性があるため、その場では吐かせません。

固形のものが気道に入った「誤嚥《ごえん》」の場合

【1歳まで】背部叩打法《こうだほう》

❶ 子どもをうつ伏せ状態にして、大人の片腕にまたがらせます。

❷ 子どものあごを大人のてのひらにのせ、頭をからだより低くします。

❸ もう一方のてのひらのつけ根で、肩甲骨の間を数回強く叩きます。

【1歳以降】ハイムリック法

❶ 子どもを背後から抱きかかえるように両腕をまわします。

❷ 片方のてのひらを腹部に押し当て、もう一方の手も重ねます。

❸ 腹部を上にさするように圧迫します。

吐きそう、吐いてしまった
ときの救急箱

吐いてしまうのはこんなとき

溶連菌《ようれんきん》感染症　116
エンテロウイルス感染症　118
プール熱　120
ヘルパンギーナ　122
食物アレルギー　152
食中毒　184
ウイルス性胃腸炎　186
自家中毒症　188

水分補給をしましょう

1　はじめは1回の量を極力少なくしてスプーン1杯から飲ませます。
　徐々に回数を増やし、吐かなくなったら1回量を増やします。
水／麦茶／りんごジュース／野菜スープ

2　摂れる水分が増えてきたら、固形物へ移行します。
葛湯／りんごや山いものすりおろし／おかゆなどの固形物／梅干し（ほしがる場合）

嘔吐物を片づけるときは

【感染症が疑われる場合】

1 嘔吐物は、ペーパータオルなどでそっと覆い、次亜塩素酸ナトリウムの原液をかけ、20分ほど置いてから袋に包んで破棄します。

2 その後、患者が触れた可能性のある場所（床、壁、便器、ドアノブ、シーツ、布団など）を、0.02％（濃度200ppm）に薄めた次亜塩素酸ナトリウムで消毒します。消毒後は、同じところを水でよく拭きましょう。

熱湯消毒や、布の場合は汚染部にアイロンをかけるなども有効です。

＊次亜塩素酸ナトリウムについては、製品の注意書きを読んだうえで使用するようにしてください。

おなかを痛がる、おなかの調子が悪い ときの救急箱

腹痛を和らげましょう

こんにゃく湿布や塩温石《しおおんじゃく》（P70）でおなかを温める、または、足湯でからだ全体を温めるのがおすすめです。

梅醤《しょう》番茶（P72）や梅肉《ばいにく》エキス（P73）をこまめに摂ると、胃腸を整え、腹痛を和らげる効果が期待できます。

こんにゃく湿布

❶こんにゃく2丁（大きい場合は、1丁を半分に切ってもよい）を水からゆでて、沸騰したら火を弱めて、さらに10分熱し続けます。熱したら引きあげ、乾いたタオルで包みます。

❷肝臓、丹田（おへその下あたり）を10分程度温めます。

❸その後、うつ伏せにさせて腎臓を10分温めると、からだ全体が温まります。

＊いやがる部位は行わないなど、子どもの欲求に沿って温めるようにしてください。

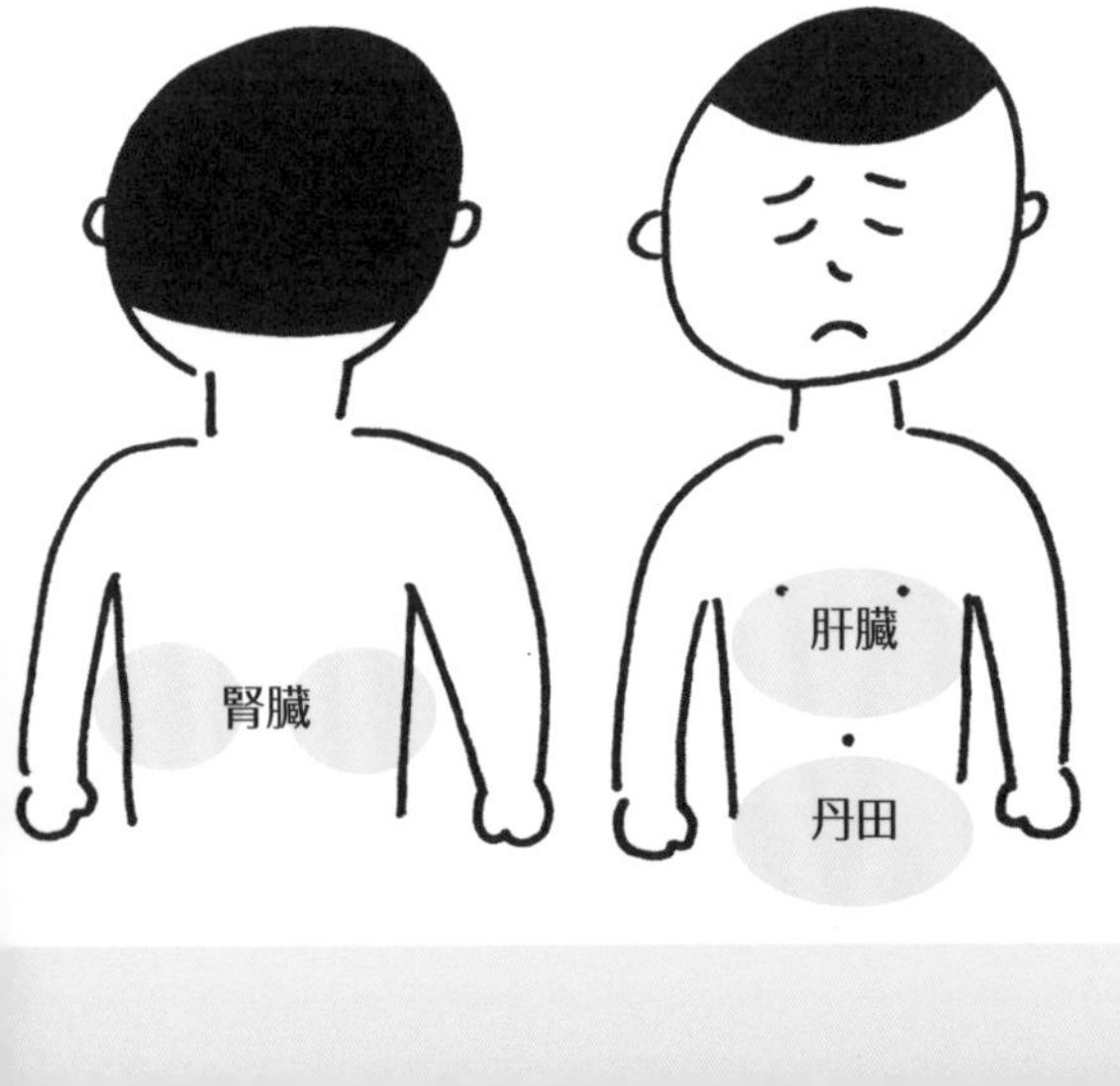

おなかが痛い、おなかの調子が悪いのはこんなとき

足湯

❶ 少し熱めのお湯（42℃程度）を、たらいやバケツなどに入れ、足首が浸かるようにします。

❷ 5～20分ほど浸かりましょう。冷めてきたら、一度 足を出してから差し湯をするようにします。

＊ 大根干葉《ひば》（大根の葉っぱを干したもの）など、からだを温める薬草を入れてもよいでしょう。

下痢のときは、水分補給をしましょう

無理に食べさせず、水分補給に努めましょう。吐き気がある場合は少量ずつ、時間を置いて。

水またはミネラルや栄養があり、カフェインの入っていないものを摂りましょう。

水／冷ました麦茶、ほうじ茶、番茶／葛湯／緑茶＋はちみつ／野菜スープ、味噌汁／りんごや山いものすりおろし／レンコン湯

レンコン湯

すりおろしたレンコンをしぼった汁を、しょうがのしぼり汁数滴と一緒に鍋に入れ、温めて飲みます。

水分補給と同時に、こんにゃく湿布や塩温石《しおおんじゃく》（P70）でおなかを温めるようにしましょう。

次のものは、整腸作用があり、下痢を和らげる効果があるとして、昔から用いられてきました。

ゲンノショウコ（下痢止めとして用いられる薬草）の煎じ汁／ヨモギのしぼり汁／ 梅醤《しょう》番茶（P72）、湯で溶いた梅肉《ばいにく》エキス（P73）

＊ 薬草を飲用する際は、購入した漢方薬局などに煎じ方や使用量を確認するようにしてください。

脱水症状かもしれないときの救急箱

疑われるケース：高温や炎天下で活動した、かなり汗をかいた、発熱している、嘔吐・下痢が続いている、水分が摂れない状況が続いた

脱水による症状例：めまい、立ちくらみ、生あくび、顔が赤い、筋肉痛、足がつる

脱水症状かもしれないのはこんなとき

脱水症状　196

熱中症　198

水分補給をしましょう

離乳食開始前の乳児は、嘔吐がなければ、母乳で大丈夫です。１歳以降でも、水分は摂れなくても、母乳なら飲める子が多くいます。

水またはミネラルや栄養があり、カフェインの入っていないものを摂りましょう。

水／冷ました麦茶、ほうじ茶、番茶／野菜スープ、味噌汁／ハーブティー／りんごジュース、りんごのすりおろし／酵素ジュース（梅ジュースなど）／梅肉《ばいにく》エキス（P73）

熱中症の場合

とくに暑い環境下（炎天下または高温で多湿、風の通りにくい場所）で起きた場合は、「熱中症」の可能性があります。

❶ 涼しい場所に移動させ、寝かせて安静にします。

❷ 飲んだりできるようなら、水分や塩分をこまめに摂らせます。

❸ 衣服をゆるめ、ぬれタオルや、タオルでくるんだ保冷剤で、下図のような場所を冷やします。

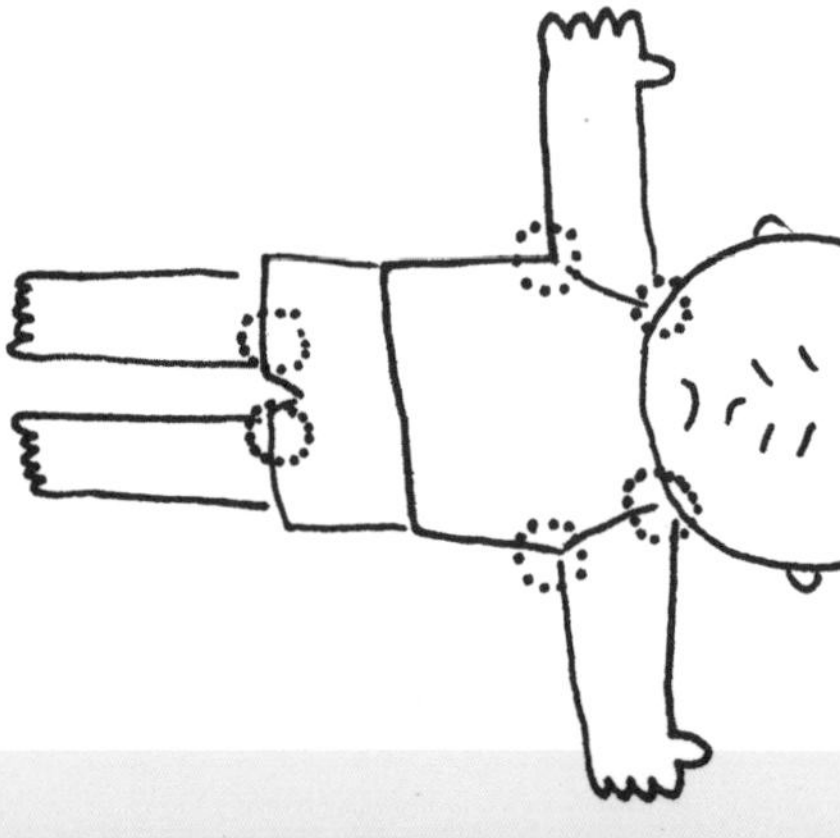

けいれんしている、ひきつけを起こしている

ときの救急箱

けいれん（ひきつけ）を起こすのはこんなとき

熱性けいれん　110

てんかん　200

けいれんが起きたら

❶安全な場所に移し、顔を横に向けてラクな姿勢をとらせます。

❷無理に発作を止めようとしたり、歯をくいしばるような症状でも、口内に箸やタオル、指などを入れたりしないようにしましょう。

＊はじめてのけいれんや、発作が5分以上続く場合は、救急車を呼ぶようにします。

切り傷ができた
ときの救急箱

ビワの葉 焼酎漬けやビワエキス（P75）、ヨモギの生葉をもんだ汁を脱脂綿などに含ませて、傷口をやさしく拭いましょう。

ようすを見て、血が止まっているようなら、そのままで大丈夫です。

ヨモギクリーム

❶ヨモギオイルをつくります。細かく切ったヨモギの生葉を土鍋に入れ、太白ごま油をヒタヒタに注ぎます。弱火で煮出してエキスを抽出し、葉を漉しとります。

❷ヨモギオイル10gとミツロウ2gを湯煎にかけ、溶けたら素早く容器にうつします。

酸化しなければ数ヶ月使えます。

虫にさされた
ときの救急箱

まずは患部から針や毒を取り除きます。市販のポイズンリムーバー（P65）などを使うと便利です。

虫さされ対策には、薬草（ドクダミやP75のビワの葉 焼酎漬け、ヨモギオイル）や精油を使ったクリームやスプレーがおすすめです。

ドクダミの煎じ汁……

乾燥させた葉を刻み、鍋で水から火にかけます。沸騰したら弱火にして、約半量になるまで煮詰めます。葉を濾しとって使いましょう。

ヨモギオイル……

細かく切ったヨモギの生葉を土鍋に入れ、太白ごま油をヒタヒタに注ぎます。弱火で煮出してエキスを抽出し、葉を漉しとります。常温保存で1～2ヶ月もちます。

＊成長したヨモギからもつくれるので、1～2ヶ月ごとにつくるとよいでしょう。

虫にさされたときは
虫さされ 176

かゆみがあるときは
ヨモギクリーム……

ヨモギオイル10gとミツロウ2gを湯煎にかけ、溶けたら素早く容器にうつします。酸化しなければ数ヶ月使えます。

＊ヨモギオイルの代わりにホホバオイルやスイートアーモンドオイルを用いたり、最後に好みの精油を1～2滴加えても。

虫除けに
虫除けスプレー……

ドクダミの煎じ汁やビワの葉 焼酎漬けは、そのままスプレー容器に詰めて使います。濃すぎるようなら市販の精製水で薄めます。そのほか、精製水80㎖＋無水エタノール9㎖に、精油（シトロネラ、ラベンダー、ゼラニウムなど）を20滴、またはハッカ油を5～10滴ほど入れたものもよいでしょう。つくり置きせず、早めに使い切って。

まずは流水で冷やしましょう

まずは流水で冷やしましょう。
その後、できるだけ早く、たっぷりのビワエキス（P75）や塩水に浸しましょう。
水ぶくれがある場合は、破いたり、はがしたりしないでください。

流水で冷やした後に……
ビワエキス（P75）、塩水／
きゅうりのおろし汁／アロエの汁／
里いも湿布（P68〜69）、豆腐湿布

きゅうりのおろし汁……

きゅうりをおろしてしぼった汁を、直接肌にぬります。

アロエの汁……

トゲをとって皮ごとすりおろし、しぼった汁を直接肌にぬります。

豆腐湿布……

❶豆腐の水を切り、しょうがのすりおろし少々と混ぜてつぶします。
❷小麦粉を混ぜ、水が垂れない程度のかたさにします。
❸ガーゼで包み、バンダナなどで、部位に結わえつけるようにして当てましょう。

＊子どもの場合は熱が下がりすぎることがあるので、少量から試しましょう。

やけどのときは
やけど　160

軽いやけどのケア方法

軽いやけどなら、「湿潤治療」が適しています。
❶消毒液で消毒をしない
❷湿潤する（乾燥させない）
という方法です。

　免疫細胞の自然治癒力で回復させます。抗生剤が必要となることがほとんどなく、早く治るうえ、後遺症が少ないことが特徴です。

＊重症の場合、医師が行わないと、感染のリスクや対処がむずかしいケースがあります。判断に迷う場合は病院へ行きましょう。

❶傷口を水道水で洗い流します。消毒はしません。

❷患部に植物性オイルやワセリンをたっぷりぬり、清潔な家庭用ラップや専用の創傷被覆材で覆います。

＊ビワの生葉のツルツルした面を当てて、一緒に包帯で巻いてもよいでしょう。

❸覆ったものを毎日交換しながら、経過を見ます。

かゆがっている、かゆみのあるブツブツ（発疹《ほっしん》）が出ている

ときの救急箱

からだの中から、かゆみを抑えましょう

かゆみを和らげたり、皮膚の炎症を抑えたりする効果が期待できるものを摂ります。

アトピーなどの慢性のものは、体質改善が重要です。日頃から、こんにゃく湿布で肝臓・腎臓を温めておくと、解毒力が高まり、冷えも改善できます。

梅肉《ばいにく》エキス（P75）／薬草の煎じ汁

薬草の煎じ汁……

シソの葉、オオバコ、ドクダミ、セイタカアワダチソウ、ヨモギなど。乾燥させた葉を刻み、鍋で水から火にかけます。沸騰したら弱火にして、半量になるまで煮詰めます。葉を濾しとって飲みましょう。飲みにくい場合は、番茶と一緒に煮出して飲んでも。

＊薬草を飲用する際は、購入した漢方薬局などに煎じ方や使用量を確認するようにしてください。

こんにゃく湿布……

❶こんにゃく2丁（大きい場合は、1丁を半分にシテもよい）を水からゆで、沸騰したら火を弱めて、さらに10分熱し続けます。熱したら引きあげ、乾いたタオルで包みます。

❷肝臓、丹田（おへその下あたり）を10分程度温めます。

❸その後、うつ伏せにさせて腎臓を10分温めると、からだ全体が温まります。

＊いやがる部位は行わないなど、子どもの欲求に沿って温めるようにしてください。

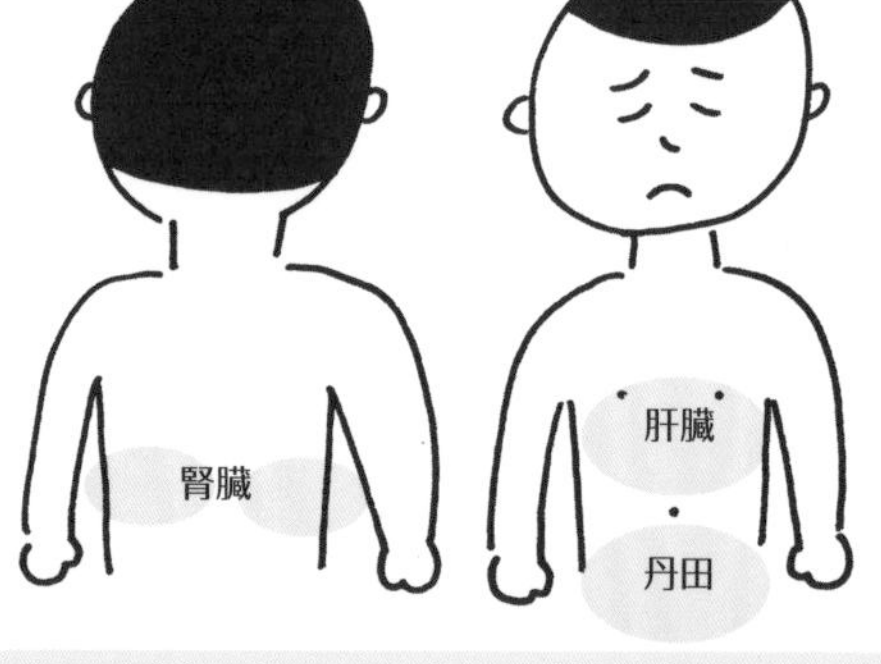

からだの外から、かゆみを抑えましょう

かゆみを和らげる効果が期待できる薬草を、湿布やお風呂に使います。石けんの代わりに、ぬか袋（木綿の袋にぬかを入れたもの）で洗うのもよいでしょう。

ヨモギの生葉をもんだ汁、ヨモギオイルやヨモギクリームをぬるのも役立ちます。

湿布……

ごぼう汁：
ごぼうをすりつぶした汁を、ガーゼに染み込ませます。

きゅうり：
きゅうりをすりおろし、小麦粉を加えてよく練ったものを、ガーゼにぬります。

薬草風呂……

ヨモギ、桃の葉、ビワの葉、ドクダミ、セイタカアワダチソウなど。細かく刻んで、10分ほど煮出して浴槽に入れます。

ヨモギの活用……

❶ヨモギオイル
細かく切ったヨモギ生葉を土鍋に入れ、太白ごま油をヒタヒタに注ぎます。弱火で煮出してエキスを抽出し、葉を漉しとります。

❷ヨモギクリーム
ヨモギオイル10gとミツロウ2gを湯煎にかけ、溶けたら素早く容器にうつします。

じくじくするときは

じくじくした浸出液には、栄養や水分、修復するための細胞や物質が含まれているので、流出を防ぐことで、治りが早くなります。

1枚ガーゼ法……

じくじくした部分に清潔なガーゼをあて、かさぶたのように固まらせたまま、自然に取れるまではずさないようにしましょう。

＊はがれた場合は、また新しいガーゼをあてます。ガーゼがつかない（それほどじくじくしていない）場合は、ガーゼを使う必要はありません。

眠りが浅い、夜中に突然起きて泣くときの救急箱

眠りが浅い、夜中に突然起きて泣くのはこんなとき
夜泣き・夜驚《やきょう》　202

睡眠リズムを整えましょう

7時起床、20時就寝を目指したリズムづくりをしましょう。日中は、外あそびなどをして活動的に過ごします。17時以降にうたた寝しないようにして、寝る30分前には照明を落とすなど、静かな時間をもつようにするとよいでしょう。

ひざ下の温冷浴や、目の温湿布で気をしずめるのも役立ちます。

ひざ下の温冷浴……

温水（40℃程度）に3分、冷水（常温の水道水）に15秒を数回くり返します。

目の温湿布………

適温にした塩番茶（番茶に、約1％量の天日海塩を溶かしたもの）やビワエキス（P75）を、ガーゼに滴らない程度に染み込ませて、目の上に10分ほど当てましょう。

病院へ行くのはどんなとき？

子どもの病名事典

いつもの不調と違う気がする、
こんな熱が出るのはどんな病気？
病院に行く必要があるのか迷うとき、
部位や症状から病名を推測し、
判断する助けとなる事典です。

「お手当て」をしてもお子さんのようすや症状に不安があるときや、判断に迷うときは、かかりつけ医や救急安心センター事業（#7119）などに相談するようにしてください。

本書は、できるだけ薬や病院に頼らないことを目指していますが、「川崎病」（P114-115）など、家庭でのケアでは治らない病気・症状もあります。

P106以降も参考に、お子さんに合ったケアを取り入れるようにしてください。

部位と症状から引く 病名もくじ

新型コロナウイルス感染症

感染が疑われるときは、自宅待機をして、通常の風邪と同じく安静に。

子どもが見せるサイン

①無症状（とくに子どもではとても多い）。
②初期は、風邪の症状。発熱、のどの痛み、乾いた咳《せき》、頭痛、筋肉痛、だるさのほか、下痢なども（鼻水や湿った咳は少ないとされている）。
③味や臭いを感じない。
④成人の重症化の例では、強いだるさと、呼吸困難（はじめは運動時に見られるが、次第に安静時にも見られるようになる）。

症状とケアのポイント

新型コロナウイルス感染症（COVID-19 / coronavirus disease 2019＝2019年に発生した新型コロナウイルス感染症）は、子どもは感染しても無症状が多く、現時点では重症化の頻度も低く、世界的に見ても死亡例はほとんどありません。

潜伏期間は5日ほどですが、この期間中や無症状でもウイルスはひとにうつるとされています。はじめは風邪と区別できません。かかっても、ほとんどが1週間くらいで回復します。高齢者や持病のある方は急速に症状が悪化し、入院や集中治療が必要となり、死に至る可能性もありますが、これはインフルエンザやほかの感染症でも同じです。

感染が疑われるときは、**通常の風邪と同じく安静にします**。ほかに感染

2020年12月現在の情報から

するリスクが高いひとが近くにいる場合は、隔離などの対応が必要です。**すぐに病院には行かず、自宅待機をするのが大切です。**病院内は、ほかの感染症も含め、感染（もらう、うつすの両方）の危険性が高く、感染のリスクが高いひとも集まっています。受診後すぐには診断できないうえ、重症化も予防できません。

●おうちケアに役立つ「救急箱」はこちら

▼熱っぽい→P78～81

▼のどを痛がる→P82～83

▼咳《せき》・痰《たん》が出ている→P84～85

▼おなかを痛がる、おなかの調子が悪い→P92～93

こんなときは病院へ

❶元気がない。
❷動くと息苦しい。
❸水分が摂れない。
❹きげんが悪い。
❺風邪の症状が、1週間など長く続く。

厚生労働省では新型コロナウイルス感染症が疑われる場合、受診前に各都道府県が開設している帰国者・接触者相談センターに電話し、そこですすめられた医療機関を受診するように指導しています。

いくつかの抗ウイルス薬も出てきましたが、効果や安全性ははっきりしません。病院では通常の風邪薬が処方されると思われますが、通常の風邪と同じように基本的に薬は不要です。熱さましの薬は重症化に関係する可能性も。ウイルスなので抗生剤は必要ありません。重症化した場合も特別な治療法はありません。

風邪

薬で熱を下げるより、自宅で経過観察をして、こまめな水分補給を。

子どもが見せるサイン

①発熱。
②のどの痛み、咳《せき》（湿ったものも乾いたものも）、鼻水。
③頭痛、悪寒、節々の痛み。
④全身のだるさ、食欲低下、下痢などを伴うことも。

症状とケアのポイント

「風邪」とは、「上気道」（鼻やのど）の粘膜に急性の炎症が起こる病気の総称です。95％がウイルス（抗生剤が効かない微生物）、残りは細菌（抗生剤の効く微生物）によるものです。一般の方のイメージ通り、何もしなくても治る軽い病気の代表です。

発熱は、ウイルスや細菌の活動を抑え、白血球の活動などの免疫力を上げるために必要なもの。無理に下げると、かえって治癒のさまたげになります。また、よく勘違いされますが、熱で脳が損傷することはありません。

高熱があっても、子どもの状態をよく観察していれば、解熱剤も必要なく、ほとんどの場合は家庭でケアすることができます。

いちばん怖いのは脱水です。水分が足りないと、回復するための体力・免疫力も落ちていきます。**水分をこまめに、充分に与えましょう。**

反対に、**無理して食事を摂る必要はありません**。消化吸収は多くのエネルギーを費やすため、からだは自然と食欲を抑え、体力を温存するものです。食欲が出てきたら、味噌汁やスープ、消化しやすいおかゆなどから食べさせるようにします。

●おうちケアに役立つ「救急箱」はこちら

▼熱っぽい→P78〜81

▼のどを痛がる→P82〜83

▼咳《せき》・痰《たん》が出ている→P84〜85

▼鼻水が出ている、鼻がつまっている→P86

▼おなかを痛がる、おなかの調子が悪い→P92〜93

こんなときは病院へ

❶きげんが悪い、ぐったりして元気がない、水分が摂れない。

❷生後3ヶ月以下の乳児の発熱。→髄膜《ずいまく》炎などの危険な感染症である可能性があります。

❸40℃以上の発熱。→熱の高さと病気の重症度はかならずしも比例しませんが、42℃を超えると体温の調節機能が働かなくなり、危険な状態になります。

❹呼吸がみだれている。

❺3日以上熱が続いている。

❻5分以上けいれんが続いている。→心配のない熱性けいれん（P110〜111）は、通常5分以内に自然に止まります。

熱性けいれん

顔を横に向けてラクな姿勢を。口内に指を入れるのは危険です。

子どもが見せるサイン

①急に手足をかたくして突っ張る、ピクピクさせる。

②呼びかけに反応しない、白目をむく、顔が青白くなる、口から泡をふくなど。手足がダラ～ッとして意識だけがなくなる場合も。

③通常5分以内に自然に止まることがほとんど。けいれん後に眠ってしまうことも。

症状とケアのポイント

熱性けいれんは、生後6ヶ月から6歳くらいまでの子どもの発熱時に起こるけいれんです。熱が急に上がるときに多く見られ、熱が上がりきってからはほとんど起きません。症状が激烈で驚くひとが多いですが、怖い病気ではなく、子どもの1割程度が起こします。動揺するとは思いますが、子どものようすをよく観察することが大切です。

また、くり返し起こす子がいますが、これは風邪などのときにすぐに熱を上げる性質がある子で、免疫反応の早い、「強い子」とも言えます。けいれんだけで脳に障がいが残ることはありません。

けいれんが起きたら、**子どもを安全な場所に移し**、**顔を横に向けてラクな姿勢をとらせます**。歯をくいしばるような症状でも、**口内に箸やタ**

オル、指などを入れたりしないようにしましょう。子どもの口内や舌、歯を傷つけたり、入れた大人の指を噛んでしまったりすることがあります。

●おうちケアに役立つ「救急箱」はこちら
▼熱っぽい→P78～81
▼けいれんしている、ひきつけを起こしている→P95

こんなときは病院へ

❶はじめてのけいれん。救急車を！
❷けいれんが5分以上続いている。救急車を！
❸1日に2回以上起こるけいれん。
❹けいれん後に麻痺が見られる。
❺熱のないけいれん。→てんかん（P200～201）の可能性があります。
❻けいれんの頻度が高い。
❼生後6ヶ月以下あるいは6歳以上のけいれん。
❽左右非対称のけいれん。

けいれんを起こす病気には、頭の外傷や脳腫瘍、脳炎、脳症、低血糖、代謝異常など重篤なものもありますが、これらは、治療をしないと止まりません。熱があって数分で止まる場合はほとんどが熱性けいれんですが、まれにてんかんの場合があります。はじめてけいれんを起こした場合は、入院となり、ほかの病気との鑑別のためにCTやMRI検査をはじめ、血液、髄液、脳波などの検査が行われます。

頻繁に起きる場合、予防の座薬を処方されることが多いですが、使用は各家庭の判断でよいでしょう。

インフルエンザ

薬を使わず、通常の風邪と同じく、自宅で安静にしましょう。

子どもが見せるサイン

① 突然の38℃以上の高熱。
② 風邪症状（のどの痛み、咳《せき》、鼻水）や下痢など。
③ 全身症状（頭痛、節々や筋肉が痛い、だるい、食欲がないなど）が出やすい。
④ ちいさい子どもでは、頬が赤い、きげんが悪い（ぐずる、泣く）、ぐったりするなど。

症状とケアのポイント

インフルエンザは、毎年おもに冬に流行する風邪の一種です。ほかの風邪と同様に、自然に治る病気のため、インフルエンザが疑われる場合であっても、風邪と区別する必要はありません。そのため、**かならずしも病院を受診して検査を受けたり、薬をもらったりする必要はありません。**

インフルエンザは、ほかの風邪と比べて症状が強く出ることも多いですが、わたしは、**薬は極力使わないことをお勧めします。**おもに5歳までの子に起こる合併症の脳炎・脳症などが問題になりますが、熱さましやタミフルなどの治療薬が、自然に治る経過に影響を与えて、脳炎・脳症が起こる可能性も指摘されています。脳炎・脳症は病院を早くに受診したり、薬を飲んだりしても防げません。

症状が出たら、まず園や学校を休み、**症状がとれるまで自宅でゆっくりとケアすること**。それがしっかりと治すため、また、ひとにうつすことを防ぐためにも大切です。

熱が高く、長く続くことがあるので、**脱水に注意しましょう**。

● おうちケアに役立つ「救急箱」はこちら

▼熱っぽい→P78～81

▼のどを痛がる→P82～83

▼咳《せき》・痰《たん》が出ている→P84～85

▼鼻水が出ている、鼻がつまっている→P86

▼おなかを痛がる、おなかの調子が悪い→P92～93

こんなときは病院へ

❶水分が摂れない。

❷きげんが悪い。

❸ぐったりしている。

❹眠りがち、うわごとを言う、いつもと違う行動が見られるなど、意識の異常がある。

❺40℃以上の高熱を伴う。熱が数日続く。

❻けいれんしている。

❼呼吸がみだれている。

病院では、まずインフルエンザの簡易検査（綿棒で鼻の奥の粘膜を採り、インフルエンザウイルスが検出されるか調べる）をします。

インフルエンザであれば、抗インフルエンザ薬（タミフル、リレンザ、イナビル）に加えて、一般の風邪薬（咳、鼻水、のどの薬）や解熱剤、抗生剤などが処方されます。

川崎病

重度の後遺症が残ることもあるため、できるだけ早く病院へ！

子どもが見せるサイン

①5日以上続く発熱。
②両目が赤くなる。
③てのひらや手指が赤くなり、腫れる。
④発疹《ほっしん》が出ている。
⑤唇が赤い、腫れる、いちご舌（舌にブツブツが出る）など。
⑥首のリンパ節が腫れる。
以上の主要症状のうち、5つ以上*を満たすもの。
⑦そのほか特徴的な症状として、BCG接種部位の赤みと、後になってから四肢末端（手指、足指）の皮がむける、など。

症状とケアのポイント

川崎病とは、1967年に川崎富作医師が報告した病気の通称です。正式には「小児急性熱性皮膚粘膜リンパ節症候群（MCLS / Acute febrile muco-cutanenous lymph node syndrome）」と言います。

4歳以下が約8割を占め、とくに6ヶ月から1歳に多く見られます。患者の発生は年間約16000例で、毎年少しずつ増加しています。病態は何らかのきっかけをもとに発生した免疫の暴走によるもので、全身

＊病院では通常、4つ以上満たした時点で治療をはじめます。

の血管の炎症と考えられています。

現在でも原因不明で、川崎病が疑われる場合は、**家庭でできるケアはほとんどなく、早期に医療機関にかかる必要があります。**

こんなときは病院へ

川崎病が疑われる場合は、ただちに病院を受診しましょう。

わたしは、なるべく薬や注射に頼らない対処をおすすめしていますが、西洋医学も含め、できるだけ多くの選択肢を考え、お子さんにいま必要なことを優先しましょう。

川崎病は、症状がそろわないと、診断がむずかしい場合があります。冠動脈（心臓に栄養を送っている血管）に異常があれば診断は確実ですが、そうなる前に治療を優先する必要があります。

熱などの症状は1～2週間で治まりますが、最大の問題は、冠動脈にできる瘤《こぶ》（冠動脈瘤《りゅう》）の後遺症が残る場合があることです。冠動脈瘤は、心筋梗塞《こうそく》などいのちにかかわる重大な病気の原因になります。

病院では、採血と心臓超音波検査が行われます。治療は、アスピリンの内服と、血液製剤であるガンマグロブリンの注射の組み合わせで行われます。現在の血液製剤はさまざまな感染対策が行われていますので、安全性は高くなっています。ほかにもステロイド剤や免疫抑制剤が併用されることがあります。治癒した後も10年以上エコー検査などを定期的に受けることがすすめられます。

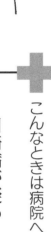

溶連菌感染症《ようれんきんかんせんしょう》（風邪、扁桃炎、中耳炎など）

のどの痛みを和らげながら、水分補給をして、自宅で安静に。

子どもが見せるサイン

①38～39℃台の突然の発熱。

②のどの痛みや腫れ。

③のどの出血斑《はん》（内出血）、いちご舌（舌にブツブツが出る）などが特徴的。咳《せき》や鼻水など、ほかの風邪症状が少ないのも特徴。

④ほかに、頭痛、嘔吐、発疹《ほっしん》が見られることも。

症状とケアのポイント

溶連菌感染症とは、溶連菌（溶血性《ようけつ》連鎖球菌）が原因で起こる感染症で、ほとんどが風邪や扁桃炎、中耳炎などの軽いものです。

溶連菌は、のどにいることが多い常在菌のひとつです。しかし口内のほかの常在菌がダメージを受けたときや、抵抗力が落ちたときに、さまざまな感染症を起こすと考えられています。

まれに2～4週ほど経ってから、比較的重症である急性糸球体腎炎（一過性の腎臓の病。血尿や尿蛋白《たんぱく》などが現れる）やリウマチ熱（高熱と関節痛が特徴）という合併症を起こすことがありますが、最近ではほとんど見られません。衛生状態の改善などで、溶連菌感染症そのものの重症化が少なくなったことや、抗生剤を早期に使用するようになったことによると考えられています。

溶連菌に感染したら、**水分をよく摂りましょう。**

口内の常在菌にダメージを与えないのが最大の予防です。口呼吸をしない、一般的な風邪など必要のないときに抗生剤を使わない、日常生活ではうがい薬やフッ素を極力使わない、食品添加物やからだを冷やすもの、季節に合わない食べものを控えるなどをこころがけましょう。

● おうちケアに役立つ「救急箱」はこちら

▼熱っぽい→P78〜81
▼のどを痛がる→P82〜83
▼吐きそう、吐いてしまった→P90〜91

こんなときは病院へ

❶40℃以上の高熱が出る。
❷発疹、かゆみを伴うことも。
❸水分が摂れない。
❹おしっこが少ない。
❺ぐったりしている。
❻きげんが悪い。
❼咳や痰《たん》が多い。→気管支炎や肺炎の場合があります。
❽症状が5日以上続く。→川崎病（P114〜115）の場合があります。

病院では、溶連菌の簡易検査を行い、抗生剤を5〜10日間ほど処方され完全に飲みきるように指導されます。溶連菌は抗生剤にとても弱く、通常は1〜2日抗生剤を飲めば、ほぼ症状や感染力はなくなります。

長期に抗生剤を飲む理由は、急性糸球体腎炎やリウマチ熱などの予防のためです。ただし、リウマチ熱の頻度は感染者の1〜10万人にひとりですが、抗生剤アレルギー（アナフィラキシー）の頻度は約2万人にひとりです。急性糸球体腎炎は抗生剤による予防効果は不明で、ほぼ後遺症もなく治ります。

エンテロウイルス感染症（手足口病、ヘルパンギーナなど）

のどの痛みを和らげながら、水分補給をして、自宅で安静に。

子どもが見せるサイン

①発熱、のどの痛み、咳《せき》、鼻水、頭痛など、いわゆる風邪症状。

②ほかに発疹《ほっしん》、口内炎、目の充血、下痢、嘔吐があることも。

③強い頭痛、嘔吐、麻痺、むくみなどは、重症の症状。

症状とケアのポイント

ウイルスがひとの腸管から見つかり、腸で増殖するため、「エンテロ（腸）」という名前がついています。エンテロウイルスは、風邪の症状を起こすウイルスグループの代表で、このグループには「ポリオ」「コクサッキー」「エコー」などたくさんのウイルスが含まれます。手足口病（P138～139）、ヘルパンギーナ（P122～123）の原因もエンテロウイルスで、ほとんど症状が出ないか、風邪のような軽い病気を引き起こします。

エンテロウイルスは、風邪以外にも非常に多くの病気に関係しており、代表的なものには、髄膜炎《ずいまくえん》、出血性結膜炎《けつまくえん》、心筋炎、肝炎、糖尿病、ギランバレー症候群（感染症やワクチン接種をきっかけに発症する神経疾患）、麻痺などがあります。髄膜炎はまれに流行となることがありますが、これらは頻度がとても低く、ほとんどは後遺症もなく治ります。

ウイルス感染症のため、予防法や治療法はありません。発疹や風邪症状がある場合は外出を控えます。**水分を摂って安静にしていれば、ほとんどは軽い症状で経過します。**

● おうちケアに役立つ「救急箱」はこちら

▼熱っぽい→P78~81

▼のどを痛がる→P82~83

▼咳《せき》・痰《たん》が出ている→P84~85

▼鼻水が出ている、鼻がつまっている→P86

▼吐きそう、吐いてしまった→P90~91

▼おなかを痛がる、おなかの調子が悪い→P92~93

こんなときは病院へ

❶ 40℃以上の高熱が出る。

❷ 水分が摂れない。

❸ ぐったりしている。

❹ 麻痺が見られる。

❺ 目の充血が見られる。↓結膜炎の可能性があります。

❻ 強い頭痛や激しい嘔吐がある。↓髄膜炎の可能性があります。

❼ 意識が遠のく、むくみや胸の痛みがある。↓心筋炎の可能性があります。

手足口病やヘルパンギーナなど、すぐに診断がつく病気以外は、風邪として診断されることがほとんどだと思います。髄膜炎や心筋炎などの重症な場合で、ほかの原因が見つからないときに血液検査などで診断が確定されます

病院では風邪薬か、ほかの症状が見られる場合はそれに応じた薬が処方されます。重症な場合は入院となり、さまざまな検査が追加されます。

プール熱

のどの痛みを和らげながら、水分補給をして、自宅で安静に。

子どもが見せるサイン

①突然の発熱。
②のどの痛み・腫れ。
③目の症状（充血、痛み、まぶたの腫れ、まぶしさを訴えるなど）。
④ほかに頭痛や嘔吐、下痢、腹痛、筋肉痛、リンパ節（あごのつけ根のあたり）の腫れなど。
⑤強い頭痛、激しい嘔吐、麻痺、むくみなどは、重症の症状。

症状とケアのポイント

プール熱は、「アデノウイルス」による感染症で、正式には「咽頭結膜《いんとうけつまく》熱」といいます。プールで感染することが多く、この名がつきましたが、それ以外でも感染することがあります。

5歳以下に多い病気ですが、小学生でも見られます。症状は軽く、通常、熱は2～5日、目の充血は7日ほどで自然になくなります。

おもな症状がなくなってから2日ほど経れば、登園・登校できます。注意が必要なのは、のどの痛みで水分が摂れなくなることによる脱水症状です。**水分補給をこころがけましょう。**

受診や薬はほとんど必要ありません。ウイルス性疾患ですので、根本的な治療はありません。

●おうちケアに役立つ「救急箱」はこちら
▼熱っぽい→P78〜81
▼のどを痛がる→P82〜83
▼目をかゆがる、目が真っ赤→P87
▼吐きそう、吐いてしまった→P90〜91
▼おなかを痛がる、おなかの調子が悪い→P92〜93

こんなときは病院へ

❶ 40℃以上の高熱が出る。
❷ 水分が摂れない。
❸ おしっこが少ない。
❹ ぐったりしている。
❺ きげんが悪い。
❻ 目やにや目の痛みの症状が強い。
❼ 高熱が5日以上など症状が長く続く。→川崎病（P114〜115）の可能性があります。

病院では、アデノウイルスの簡易検査をして診断を確定します。のどの痛みや熱に対し、熱さましなどが処方されます。点眼薬は効果が不明ですが、細菌感染の合併予防のために、抗生剤や炎症をとるステロイド入りのものが処方されることもあります。発熱が長く続く場合や、症状が強い場合は入院になることがあります。

ヘルパンギーナ

のどの痛みを和らげながら、水分補給をして、自宅で安静に。

子どもが見せるサイン

①突然の発熱。
②のどの痛み（のどの奥の口内炎によるもの）。よだれが出る、食欲がなくなるなどの症状も。
③全身のだるさやふきげん、まれに下痢や嘔吐などが見られることも。
④咳《せき》や鼻水といった風邪症状は少ないのが特徴。

症状とケアのポイント

ヘルパンギーナは、プール熱や手足口病と並んで、子どもが夏にかかりやすい「3大夏風邪」です。5月頃から徐々に罹患《りかん》が増えてきます。「コクサッキーA群ウイルス」が原因である場合が多いのですが、たくさんの種類があるため、何回もくり返しかかることがあります。軽い病気で、ごくまれに髄膜炎《ずいまくえん》を合併することもありますが、通常は後遺症もなく治ります。

代表的な風邪の一種であり、軽い症状で経過しますので、ほとんどの場合は病院の受診や薬は必要ありません。園や学校では、あまり厳密に感染の管理をしていません。

ただ、のどの痛みから水分や食事を摂れなくなることがあります。脱水症状に気をつけましょう。

● おうちケアに役立つ「救急箱」はこちら

▼**熱っぽい**→P78〜81

▼**のどを痛がる**→P82〜83

▼**吐きそう、吐いてしまった**→P90〜91

▼**おなかを痛がる、おなかの調子が悪い**→P92〜93

こんなときは病院へ

❶40℃以上の高熱が出る。

❷水分が摂れない。

❸おしっこが少ない。

❹ぐったりしている。

❺きげんが悪い。

❻5日以上など症状が長く続く。→川崎病（P114〜115）の可能性があります。

❼強い頭痛や激しい嘔吐がある。→髄膜炎の可能性があります。

ウイルス疾患ですので、根本的な治療はありません。病院では、熱さましや痛み止めなどの症状を緩和する薬が処方されます。

伝染性紅斑《こうはん》（リンゴ病）

特徴的な発疹《ほっしん》が出る頃には他人へうつらなくなり、自然に治ります。

子どもが見せるサイン

①ほっぺたが真っ赤になる（少し盛り上がり、熱をもった発疹が出る）。

②①の後に、両手足にレース模様、または網の目状の発疹が出る。おしりに出ることもある。発疹が出る1週間ほど前に、風邪症状（微熱、咳《せき》、鼻水、下痢、頭痛、筋肉痛など）が出ることもあるが、この時期に風邪と区別することは難しい。

症状とケアのポイント

伝染性紅斑は、「パルボウイルスB19」という名前のウイルスによる感染症です。ほっぺたが真っ赤になるという特徴があるため、「リンゴ病」と呼ばれています。

3歳以下の子どもが感染することはまれで、小中学生に多く見られます。元気であれば、園などを休む必要はありません。

発疹は5〜10日ほど続きますが、ほっぺたに発疹が出る頃には、ひとへ感染することはないと考えられています。日光浴や運動、入浴などで体温が上昇することにより、発疹が強くなったり、一度消えた発疹が再び現れたりすることがあります。

とても軽い病気で、**発疹以外の症状はほとんどなく、何もしなくても**

自然に治ります。

ただし、妊娠中に初感染すると「胎児水腫《すいしゅ》」という状態になり、流産や死産の原因になることがありますので、伝染性紅斑にかかったことのない妊婦さん（とくに妊娠初期）は、流行期には外出を控えるなどの注意が必要です。

こんなときは病院へ

❶ **40℃以上の高熱が出る。**

❷ **10日以上、発疹が続く。**

❸ **発疹が全身に広がっている。**

❹ **手足のむくみが見られる。**

❺ **指や手足の関節の腫れや痛みが見られる。これは年長児や成人に多い。**

❻ **強い頭痛や激しい嘔吐がある。↓髄膜《ずいまく》炎の可能性があります。**

ウイルス疾患ですので、根本的な治療法や予防法はありません。子どもの場合、発疹以外は軽い症状で経過しますので、ほとんどのものは病院の受診や薬は必要ありません。病院でも、かゆみ止めが出されることがある程度です。

貧血

不足している鉄分を補い、長期的な生活の見直しをすることが必要です。

子どもが見せるサイン

①顔色が悪い、疲れやすい、息ぎれ。だるさ、頭痛、めまい。

②ほかに、刺激に対する反応が強い、あるいはうつ症状。食欲低下、冷たいものをほしがるなど。

③黄疸《おうだん》や、腹部（肝臓や脾臓《ひぞう》）の腫れは重大な病気の場合も。

症状とケアのポイント

貧血とは、血液が薄くなった状態のことです。軽いものは無症状のことが多く、アレルギーの検査時などに偶然見つかることがほとんどです。貧血になっている場合、血液検査をすると、赤血球数や赤血球中のヘモグロビンの濃度が低下しています。ただし、ヘモグロビンの正常値は11・5（生後2～6ヶ月）～15・0（成人男子）と、年齢や性別で大きく異なります。

貧血の原因は、ふたつあります。

ひとつめは、赤血球の生成が低下して起こるもの。鉄をはじめとしたビタミンB12、葉酸などの欠乏や、再生不良性貧血（血液中の白血球、赤血球、血小板のすべてが減少する病気）、白血病などが原因です。近頃では、貧血に伴う発達障がいやうつ症状などとの関係も指摘されています。

ふたつめは、赤血球が喪失したことで起こるものです。メッケル憩室《けいしつ》（妊娠中に、母親から胎児に栄養を送る管が、出産後、小腸の一部である回腸の壁に残ったもの）、女性の月経などによる出血、伝染性紅斑《こうはん》（リンゴ病 P124〜125）の後や、遺伝的に起こる溶血《ようけつ》（赤血球が破壊される現象）などによるものです。

一般には年齢にかかわらず、ひとつめに関連する鉄欠乏性貧血が圧倒的に多く、その直接的な原因は、食材に含まれている鉄の激減です。ファストフードやインスタント食品、加工食品の多くは含まれる鉄分が少なく、食べると腸内細菌の状態を悪化させるため、血をつくるために必要なたんぱく質や鉄分の吸収がさまたげられることもあります。

対策としては、**偏食をやめ、発酵食品、食物繊維、豆類や雑穀をよく噛んで食べること。**食事以外にも**睡眠をとる、冷えを防ぐ、からだを動かすなど、生活全般を整え、貧血になりにくい体質に改善していく長期的な対策がもっとも大切です。**鉄や栄養の吸収をスムーズにするため、胃腸の働きを整える漢方薬や薬草茶、梅《ばい》肉《にく》エキスなどを常用するのもいいでしょう。

こんなときは病院へ

❶ **顔色が悪い、疲れやすい、息ぎれ、だるさ、頭痛、めまいなど。**↓中等以上の貧血だと考えられます。

❷ **刺激に対する反応が強い、易刺激性*がある。**↓発達障がいやうつの疑いがあります。

❸ **黄疸や腹部の腫れ。**↓溶血の疑いがあります。

❹ **呼吸や脈が速い、むくみがある。**↓心不全の可能性があります。

体重の減少にも注意してください。

病院では、まず血液検査で貧血の有無を確認します。鉄欠乏性貧血では、充分に貧血が改善されるまで鉄剤が処方されます。鉄欠乏性貧血以外では、血液検査や骨髄検査などが行われ、原因に応じた治療がなされます。

＊ささいなことで不きげんになる状態。

おたふく風邪

水分補給をして、自宅で安静に。刺激の強い食べものは避けましょう。

子どもが見せるサイン

①耳の下の腫れや痛み。両側の耳の下が腫れることが多いが、片方だけの場合も。顎下腺《がっか》（のどの下）と舌下腺《ぜっか》（舌の下）が腫れることもある。

②ほか、微熱、食欲低下など。

③頭痛や嘔吐、腹痛、睾丸《こうがん》の腫れと痛みは合併症のサイン。

症状とケアのポイント

おたふく風邪は、「流行性耳下腺炎《じか》」といって、「ムンプスウイルス」による感染症です。潜伏期間は14～21日ほどで、3歳以上に多く見られます。感染しても、症状がないまま免疫がついている場合も多くあります。なお、成人男性がかかると睾丸炎によって不妊症につながると言われますが、ふたつある睾丸のうち、片方だけに炎症が起こるため不妊にはなりません。

痛みの程度はさまざまで、通常、痛みが先になくなり、腫れが引きます。7～10日ほどの経過で何もしなくても治ります。通常は、熱は微熱程度で耳下腺の腫れ以外にほとんど症状はなく、とても軽い病気です。まれに睾丸炎、卵巣炎、膵《すい》炎の合併症が見られることがあり、子どもの年齢が高いほど頻度も重症度も高くなります。かなりの頻度で髄膜《ずいまく》炎を起こしますが、ウイルス性のため、後遺症もなく治ります。

安静にし、水分を充分摂るだけで、特別なケアは必要ありません。梅干しや酢のものなど刺激の強い食べものや、ガムなどを噛んで痛みが出る場合は、摂るのを控えましょう。

まれにですが、難聴の合併症があるとされ、これを理由に予防接種を受けるという考え方もあります。一般に合併症は年齢が高いほど頻度も高いため、予防接種を受けずに幼児期にかかることを期待するという選択肢があってもいいと思います。ある程度の年齢になったら、抗体検査でかかったことがあるかを確認することもできます。

● おうちケアに役立つ「救急箱」はこちら
▼熱っぽい→P78～81

こんなときは病院へ

❶40℃以上の高熱が出る。
❷水分が摂れず、おしっこが少ない。
❸きげんが悪い。
❹強い頭痛や激しい嘔吐がある。→髄膜炎の合併症の可能性があります。
❺指や手足の関節の腫れや痛みが見られる。これは年長児や成人に多い。

ウイルス感染のため、治療薬はありません。病院では、痛み止めを処方されることがあります。

結膜炎《けつまくえん》

かゆみを抑えるケアをしながら、感染の場合は広めない対策を。

子どもが見せるサイン

①結膜（目の白目とまぶたの裏の粘膜《ねんまく》）に炎症が起き、充血やかゆみ、異物感（ゴロゴロ感）、目やになどが出る。

②ちいさい子どもでは、目をこする、手足をばたつかせる、泣くという場合も。

症状とケアのポイント

結膜炎の原因はおもに、感染（ウイルスか細菌が多い）によるものと、アレルギーによるもののふたつです。原因によらず、結膜の充血が共通して見られます。

感染性のものでは充血に加えて、目やに（細菌性のものでは黄色味が強く粘り気がある）と異物感が強く出ます。感染性の場合は、次のような、周囲に広めない対策が大切です。

- 目をこすったり、その手で他人に触ったりしない。
- 流水で手を洗う。
- 目やにを取るときは、綿棒か、やわらかいガーゼを使い捨てる。
- タオル、洗面道具を共有しない。
- お風呂は最後に入る。

アレルギー性のものでは目やにが少ない代わりに、かゆみが強く出ます。**生活のバランスを整える長期的な対策が必要です。**

眼帯は、とくにちいさい子どもは短期間であっても視力低下につながりますので、してはいけません。

● おうちケアに役立つ「救急箱」はこちら

▼目をかゆがる、目が真っ赤→P87

こんなときは病院へ

❶結膜の充血が強い。

❷目やにが多くて目が開かない。

❸痛みを伴う。

❹新生児期の結膜炎。

❺発熱、のどの痛み、からだのだるさ、首の腫れなど、目以外の症状を伴う。→プール熱（P120〜121）の可能性があります。

病院では点眼薬による治療がおもになります。

ウイルス性のものに効果のある薬はありませんが、多くは抗生剤の入ったステロイド薬が出されます。薬を使用しなかった場合でも、1〜2週間ほどで治ります。

細菌性のものには抗生剤が出されますが、使わなくてもほとんどは数日で治ります。アレルギー性のものは原因により症状が長く続きますが、一般的にはステロイド薬、抗アレルギー剤、かゆみ止めのいずれかが処方されます。

花粉症

花粉を体内に入れない対策は対症療法。長期的には腸内環境を整えます。

子どもが見せるサイン

① くしゃみ、**鼻水・鼻づまり**。
② 目のかゆみ、結膜《けつまく》の充血、目のまわりの腫れなど。
③ 子どもでは、ムズムズする鼻をこすったりかいたりして、出血することも。口をモグモグしたり、のどや皮膚のかゆみを訴えることもある。

症状とケアのポイント

花粉症は、花粉によるアレルギー性の鼻炎や結膜炎で、花粉の飛ぶ時期にだけ症状が出るのが特徴です。そのため、毎年同じ時期や外出時にだけ症状が出ます。代表はスギとヒノキですが、あらゆる花粉が原因となります。

風邪との違いは、風邪は気道の感染症なので、通常は発熱があり、のどの痛みや咳《せき》や痰《たん》がおもな症状になること。ただし、鼻の症状が中心のいわゆる「鼻風邪」と花粉症は区別できません。

花粉対策として、外出時にマスク、ゴーグル、帽子、マフラーを着用することが挙げられます。また、帰宅時には玄関で服やコートから花粉をはらう、帰宅後に洗顔やうがいをするなどがあります。**とはいえ、これらはいずれも対症療法ですので、日々の生活を整えることのほうがより大切です。**

腸内環境を整え、「花粉に反応してしまうアレルギー体質」を根本的に改善する生活をこころがけます。

早寝早起きをし、日中はからだを使って外でよくあそぶこと、食物繊維、発酵食品を積極的に摂ることがおすすめです。同時に、抗生剤や抗菌グッズの使用、白砂糖や乳製品、小麦粉、油、からだを冷やすものや添加物を摂ることは控えましょう。

症状が強く、眠れない、勉強に集中できないなど、日常生活に支障がある場合、一時的に薬で症状を抑えるのは問題ないでしょう。

● おうちケアに役立つ「救急箱」はこちら

▼鼻水が出ている、鼻がつまっている→P86

▼目をかゆがる、目が真っ赤→P87

▼かゆがっている、かゆみのあるブツブツ（発疹《ほっしん》）が出ている→P100〜101

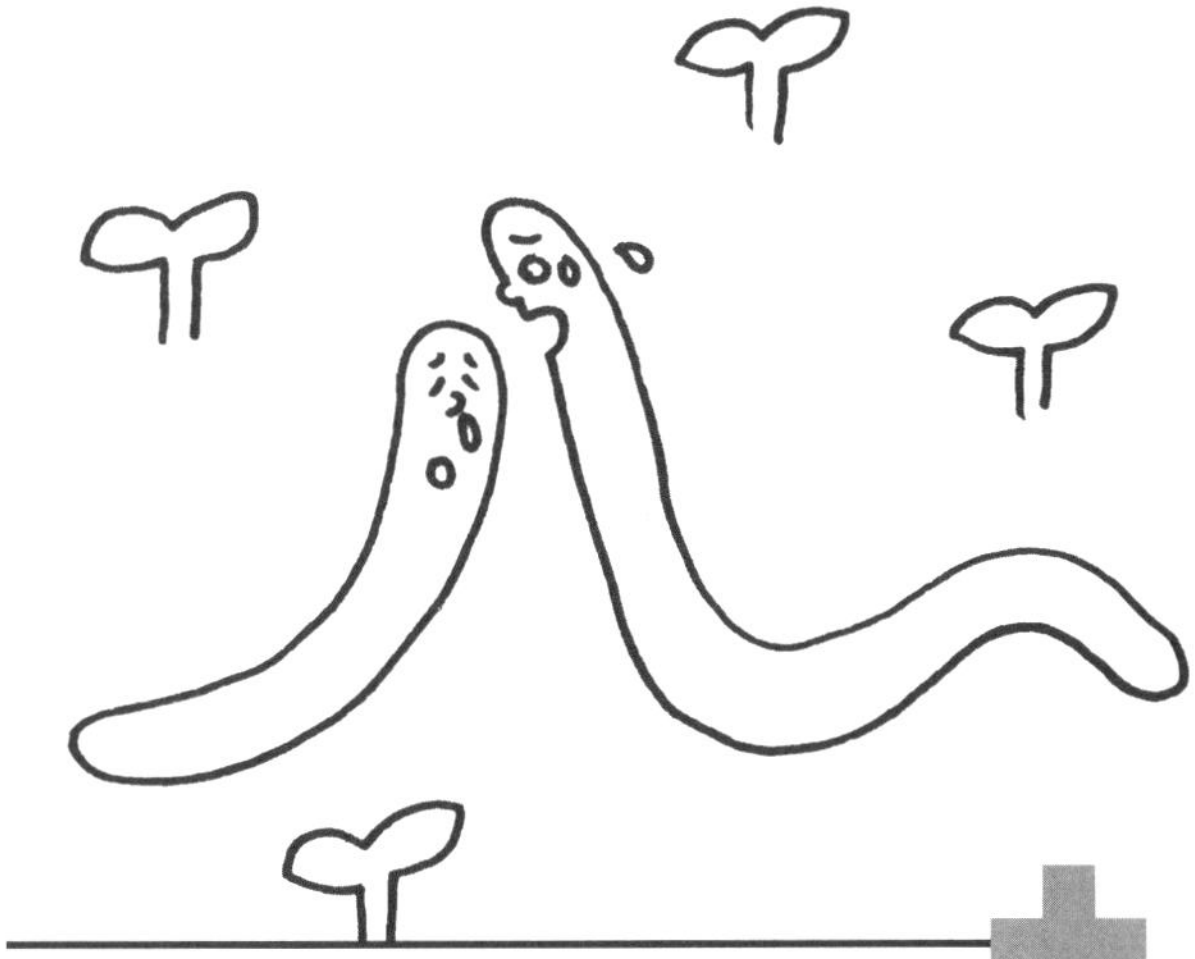

こんなときは病院へ

❶2週間以上など症状が長く続く。

❷症状が強くて眠れない。

❸日常生活に支障が出る。

❹発熱を伴う。

❺耳が痛い。→中耳炎の可能性があります。

❻膿《のう》性の鼻水が出る。→副鼻腔炎の可能性があります。

中耳炎や副鼻腔炎の合併に注意します。

病院での治療は、おもに抗アレルギー剤の内服と点眼になります。鼻水の吸引やレーザー治療*（鼻の粘膜を焼く）、舌下《ぜっか》免疫療法*（内服で花粉症に反応しなくなるよう誘導する）を行う病院もあります。

* 通常、中学生以上が適応になります。

鼻水・鼻づまり

長く続く場合は、甘いものを控えて、体質改善をしましょう。

子どもが見せるサイン

① サラサラの鼻水、またはドロドロとした膿《うみ》状の鼻水が出る。
② 風邪の場合は、発熱や咳《せき》とともに数日で改善する。
③ 長く続く場合、サラサラの鼻水は、アレルギー性鼻炎。ドロドロの鼻水は、副鼻腔炎。
④ 乳児では、ミルクの飲みが悪い、きげんが悪い、眠れないなどの症状が出ることも。

症状とケアのポイント

鼻水・鼻づまりは、病気でなくともよく見られます。多くの場合、鼻水だけなら気にしすぎないのがいちばんです。

風邪が原因であることが多いのですが、発熱に伴い耳を痛がるときは中耳炎の可能性が、長く続く場合はアレルギー性鼻炎や副鼻腔炎（ちくのう症）の可能性を考えます。

アレルギー性鼻炎は、花粉などに反応して出るサラサラの鼻水が特徴で、目のかゆみや充血を伴うことも。

副鼻腔炎は、ドロドロとした膿状の鼻水と口や鼻のにおいが特徴で、鼻水が処理できなくなり副鼻腔にたまった状態です。

鼻水・鼻づまりの原因はほかにもたくさんあり、一年中見られます。

乳児の場合は、きげんがよく、ミルクが飲めていれば、鼻がつまっていても取る必要はありません。

鼻水の対策は、子どもがちいさいうちから鼻をかむ習慣をつけること。長く続く場合は、冷えを改善するお手当て（P79のこんにゃく湿布など）**や、食生活の見直し**（砂糖や乳製品の摂りすぎを控えるなど）**が必要です。**

● おうちケアに役立つ「救急箱」はこちら
▼**鼻水が出ている、鼻がつまっている**→P86

こんなときは病院へ

❶ 鼻水・鼻づまりが1週間以上続く。
❷ 乳児の場合：きげんが悪い。ミルクを飲めない。眠れないようすがある。
❸ 40℃以上の高熱や耳の痛みがある。
❹ 目のかゆみや充血などつらい症状がある。
❺ 膿状の鼻水が続き、口や鼻がくさい。

病院では中耳炎や副鼻腔炎の場合、長期間にわたって抗生剤を出されることもありますが、実際にはほとんど必要ありません。腸内細菌のバランスがくずれないよう、使用は最小限にすることをすすめます。

アレルギー性鼻炎の場合は、さまざまな種類の抗アレルギー剤（飲み薬、噴霧《ふんむ》剤、目薬など）が追加されます。

RSウイルス感染症（風邪など）

呼吸状態の悪化に注意しながら、水分補給をして、自宅で安静に。

子どもが見せるサイン

①くしゃみ、鼻水などの「鼻風邪」の症状。
②咳《せき》、痰《たん》、食欲低下など、いわゆる風邪症状が出ることも。
③発熱は、ない場合から、40℃以上の高熱まで、さまざま。
④年齢が低いほど症状が強く、重症例では、チアノーゼ（唇が紫色になる）など呼吸困難も。

症状とケアのポイント

「RSウイルス」は、風邪を引き起こすウイルスのひとつで、毎年冬から春先に多く発生します。一度の感染では免疫ができにくく、何回も感染して徐々に抵抗力がついていきます。ウイルス自体に有効な薬はなく、自然に治ります。

症状は個人差がとても大きく、2歳くらいまでは症状が強ければ入院が必要になる場合があります。低出生体重児（2500g未満で生まれた新生児）や心臓に先天的な病気のある子は、さらに重症化しやすい傾向があります。年長児や大人では、軽い鼻風邪程度の症状になります。

家庭での対処は通常の風邪と同じですが、**安静にし、呼吸状態の悪化に注意します。とくに水分を摂ることが大切です。**

●おうちケアに役立つ「救急箱」はこちら

▼熱っぽい→P78〜81

▼咳《せき》・痰《たん》が出ている→P84〜85

▼鼻水が出ている、鼻がつまっている→P86

こんなときは病院へ

❶喘鳴《ぜんめい》（ゼーゼー、ヒューヒュー）が強い。

❷呼吸が苦しそう。

❸水分が摂れない。

❹きげんが悪い。

❺ぐったりしている。

❻40℃以上の高熱を伴う。

❼1週間以上、症状が長く続く。

❽低出生体重児。または心臓に病気がある。

症状が軽い場合は、通常の風邪と区別できません。病院では、季節や流行状況に加え、2歳くらいまでの子で、鼻水に伴う喘鳴が見られるときに感染を疑います。ＲＳウイルスの簡易検査で診断を確定できます。

症状が軽い場合は、通常の風邪薬（咳、鼻水、のどの薬）が処方されます。症状が強い場合は入院となり、点滴、抗生剤、ガンマグロブリン（血液製剤）などが使われます。呼吸困難の場合は人工呼吸器管理になることもありますが、通常は後遺症もなく回復します。

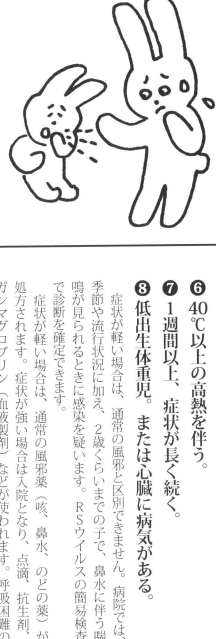

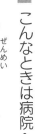

手足口病

口の中の痛みに注意しながら、水分補給をして、自宅で安静に。

子どもが見せるサイン

①手・足・口の中の発疹《ほっしん》（ちいさい水疱疹《すいほうしん》で、かゆみは軽い）。
②口の中の痛み。
③発熱は3人にひとりほどしか見られず、38℃台が多い。

症状とケアのポイント

手足口病の発症は5歳以下の子どもがほとんどで、夏に多く見られます。原因はウイルスですが数種類あり、何度もかかることがあります。

発疹の特徴と部位により、診断は容易です。発疹はちいさい水泡疹で、てのひら、足の甲や裏、口の中に多く見られますが、ひざやおしりにもできます。皮膚の発疹に痛みはなく、かさぶたにはなりません。発熱はないか、あっても微熱程度のとても軽い感染症です。

ウイルスが原因ですので治療法はありません。**「症状は特徴的な発疹だけ」など、ほとんどが軽症ですので、この場合は病院で受診する必要はありません。**3〜7日ほどで回復します。

口の中の痛みから水分や食事が摂れなくなると、脱水になりやすいので注意します。

決まりはありませんが、一般的には熱が下がり、食欲が回復すれば通園してよいでしょう。**後になってから手足の爪がはがれることがありますが、自然に治ります。**

こんなときは病院へ

❶40℃以上の高熱が出る。
❷熱が3日以上続く。
❸水分が摂れない。
❹ぐったりしている。
❺きげんが悪い、笑わない。
❻頭痛が強い。
❼嘔吐をくり返す。

脱水症状のほか、ごくまれに髄膜《ずいまく》炎、脳炎、脳失調症、心筋炎、肺水腫《はいすいしゅ》などの合併症を伴うことがあります。先の症状がある場合は、早めに病院を受診しましょう。

のどの痛み

のどを休めて、水分補給を。きげんがよければ心配いりません。

子どもが見せるサイン

炎症の原因により、次のような、さまざまな症状を伴う。

① 食事や水分摂取量の低下。

② 発熱や咳《せき》、鼻水、頭痛、声が枯れるなど、上気道の感染症の症状。

③ ほかに、だるい、ぐったりしているなど。

症状とケアのポイント

「のどの痛み」は、風邪の症状のひとつとして出る場合がほとんどです。原因はウイルス、細菌、カビなどの感染による炎症で、咽頭炎《いんとう》（扁桃腺炎含む）や喉頭炎《こうとう》（咽頭の下の気管の入口の炎症）が代表的です。アレルギー、できものや気道の異物（＝誤嚥《ごえん》 P150〜151）、乾燥、ほこりなどによっても起こります。

水分が摂れていて、きげんがよく元気であれば、家庭でケアすることができます。

基本は、のどを休め、加湿し、温めること。水分さえ摂れていればよいので、食欲がなければ無理に食べさせる必要はありません。

●おうちケアに役立つ「救急箱」はこちら

▼熱っぽい→P78〜81

▼のどを痛がる→P82〜83

▼咳《せき》・痰《たん》が出ている→P84〜85

こんなときは病院へ

❶のどのつまり感が強い、喘鳴《ぜんめい》（ゼーゼー、ヒューヒュー）や呼吸困難がある。→気道の異物、重症な感染症の可能性があります。

❷のどの痛みが強くて、水分が摂れない。→脱水の危険があります。

❸ぐったりしている。→のどの炎症が強い場合が考えられます。

❹犬が吠えるような音の咳がある。→急性喉頭炎が強いときの症状と考えられます。

❺症状が数日で治まらず、長期間続く。

❻40℃以上の高熱を伴う。

❼発熱、頸部《けい》（首）の腫れ、だるさ、発疹《ほっしん》などの全身症状が見られる。→伝染性単核球症*の可能性があります。

❽血痰《けったん》が出る。→気道の異物や、できものの可能性があります。

のど以外の症状に注意するようにしてください。

＊ヘルペスウイルスの仲間であるEBウイルスの感染で起こる病気

咳《せき》

水分が摂れていて、きげんがよければ心配いりません。

子どもが見せるサイン

① 乾いた咳（いわゆる空咳《からぜき》）、または湿った咳（痰《たん》を伴う）。
② 原因により、発熱や喘鳴《ぜんめい》（ゼーゼー、ヒューヒュー）を伴う。
③ 急に激しく咳《せ》き込むときは、気道異物（＝誤嚥《ごえん》　P150～151）を考える。

症状とケアのポイント

乾いた咳は、百日咳（P144～145）、クループ症候群（P148～149）、気道異物（＝誤嚥）の初期などで見られます。

湿った咳は、痰を出すためのもので、気管支炎や肺炎、喘息《ぜんそく》（P146～147）などで見られます。

ほとんどの咳は風邪によるもの。**水分が摂れていて、きげんがよく元気であれば、家庭でケアすることができます。**

安静にし、水分摂取に努めます。咳を無理やり止めると、痰づまりから無気肺（肺がつぶれた状態）や肺炎になることがあります。**薬で咳を止めるより、痰をやわらかくしたり、出しやすくする工夫をしましょう。**

● おうちケアに役立つ「救急箱」はこちら

▼**のどを痛がる**→P82〜83
▼**咳《せき》・痰《たん》が出ている**→P84〜85

こんなときは病院へ

❶ チアノーゼ（唇が紫色になる）などの呼吸困難がある。ただちに受診を！

❷ 喘鳴（ゼーゼー、ヒューヒュー）が強い。→喘息様《よう》気管支炎、喘息、RSウイルス感染症（P138〜139）、気道異物などの可能性があります。

❸ 突然強く激しく咳き込む。→のどにピーナッツなどをつまらせている気道異物の可能性があります。

❹ 40℃以上の高熱がある。→クループ症候群、気管支炎、肺炎の可能性があります。

❺ 1週間以上、咳が長く続く。→百日咳や結核の可能性があります。

❻ 咳が激しく夜眠れない。

❼ ケーンケーンといった犬の吠えるような咳をする。→クループ症候群（P148〜149）の症状だと考えられます。

百日咳《ぜき》

咳のつらさを和らげながら、特有の咳がなくなるまで自宅で安静に。

子どもが見せるサイン

①左のような過程を経て、咳が1～2ヶ月ほど続くのが特徴。
初期：鼻水、咳、微熱などの風邪症状が1～2週間ほど続く。
中期：コンコンコンコンと長く続く咳（スタッカート）によって顔が真っ赤になり、最後の咳に続いて、息を吸い込むときにヒューという音（レプリーゼ）がする。この咳発作をくり返す。

②咳《せ》き込みのため、目の下や結膜《けつまく》、首に出血斑《はん》が見られることもある。

③乳児では呼吸を止まったり、チアノーゼ（唇が紫色になる）が出ることも。

症状とケアのポイント

百日咳は、「百日咳菌」による呼吸器の感染症です。潜伏期は1～2週間ほどです。以前は、ほとんどが子どもに見られる病気でしたが、最近は大人が多く、これは幼少期に接種したワクチンの効果が成人までもたないためと考えられます。

強い咳は夜間に多く、咳につられて吐いたり、睡眠不足になったりしがちです。**時期を過ぎると次第に咳が少なくなり回復しますが、1～2ヶ月間続くこともあります。**

咳はわずかな刺激で誘発されるので、次のような工夫をしましょう。

・部屋の乾燥を防ぐ。
・飲み込みやすい食事にする。
・ほこりをたてない。
・周囲の大人がタバコを吸わない。
ひとにうつすのを防ぐため、抗菌薬を5日以上飲むか、飲まない場合は、特有の咳（スタッカートとレプリーゼ）がなくなるまで2～3週間ほど休みます。

●おうちケアに役立つ「救急箱」はこちら
▼咳《せき》・痰《たん》が出ている→P84～85

こんなときは病院へ

❶特有の咳（スタッカートとレプリーゼ）が見られる。
❷咳が1週間以上続く（とくに乳児）。
❸水分や食事が摂れない、吐く。
❹きげんが悪い。
❺よく眠れない。
❻呼吸が止まる。
❼チアノーゼ（唇が紫色になる）が見られる。

初期は通常の風邪と区別できません。病院では診断のために、血液検査や細菌検査をすることがあります。マクロライド系の抗生剤が出されますが、菌自体には有効でも、咳発作を起こす毒素（百日咳毒素など）には効きません。咳止めもあまり効果がありません。

もっとも問題になるのが乳児（とくに生後6ヶ月未満）で、呼吸が止まる、チアノーゼ（唇が紫色になる）が出るなど重症化することがあります。

喘息《ぜんそく》

咳《せき》が出る原因がわかっていれば取り除き、長期的な体質・環境改善を。

子どもが見せるサイン

①軽症の場合：軽い喘鳴《ぜんめい》（ゼーゼー、ヒューヒュー）、咳、痰《たん》。

②中等症の場合：明らかな喘鳴、肩呼吸、肋骨《ろっこつ》の間がくぼむ呼吸、あそぶのがつらい、苦しくて目が覚める、返事が困難、食欲の低下。

③重症の場合：強い喘鳴、あそべない、眠れない、返事ができない、食事が摂れない、チアノーゼ（唇が紫色になる）。

症状とケアのポイント

喘息は、呼吸時に「ゼーゼー」「ヒューヒュー」と音を発する喘鳴など、呼吸困難の症状が特徴です。呼吸困難の発作は、夜中から朝方に起きやすくなります。

ただし喘鳴は、気道異物（＝誤嚥《ごえん》 P150～151）、喘息様《よう》気管支炎（幼児期に多く、喘息とは病態が異なります）、RSウイルス感染症（P136～137）などでも見られます。これらほかの病気が否定され、くり返す場合に喘息と診断されます。

子どもの喘息のほとんどは、大人になる頃には見られなくなります。

喘息のおもな誘因は、ダニ、ほこり、カビなどのアレルギー反応を起こすアレルゲンです。ほか、気圧の変化、冷気、風邪などの感染、煙（タバコ、排気ガス、刺激臭など）、激しい運動、ストレスなども誘因となり

ます。慢性の病気なので、発作の回数や、入院の回数を減らすことが目標になります。

誘因が明確な場合は、それを取り除くことが何よりの予防になります。気管支でのアレルギー性の炎症に対して、日常生活の一つひとつを見直し、腸内細菌を整えることで体質の改善をはかります。すぐには効果が出ませんが、着実に改善に向かいます。具体的には、砂糖、小麦、牛乳、添加物、加工食品を控えましょう。発酵食品、食物繊維を摂り、和食を中心とした食事にします。抗菌グッズの使用も控えてください。

また、**喘息はメンタル的なものの影響をとても受ける病気です。ストレスをためないように注意し、積極的に外であそぶとよいでしょう。**

● おうちケアに役立つ「救急箱」はこちら
▼咳《せき》・痰《たん》が出ている→P84～85

こんなときは病院へ

❶中等症の場合：明らかな喘鳴、肩呼吸、肋骨の間がくぼむ呼吸、あそぶのがつらい、苦しくて目が覚める、返事が困難、食欲の低下。

❷重症の場合：強い喘鳴、あそべない、眠れない、返事ができない、食事が摂れない、チアノーゼ（唇が紫色になる）。

ただちに受診を！

アレルギー体質の改善に努めながら、くり返す場合は受診しましょう。

病院では、痰を出しやすくする薬、気管をひろげる薬、アレルギーを抑える薬、ステロイド薬などが処方されます。飲み薬、貼り薬、吸入薬、注射薬など、さまざまな薬があり、症状や経過に合わせて使用されます。

クループ症候群

水分補給をしながら、加湿をこころがけましょう。

子どもが見せるサイン

①ケンケン、ゲッゲッと、犬やオットセイの吠え声のような咳《せき》をする。
②ほかに、発熱、吸気性喘鳴《ぜんめい》（息を吸うときにゼーゼーする）、声が枯れる、泣き声が出ない、などの症状が見られることも。
③夜間発作的に起き、呼吸困難になることも。
④高熱、強いのどの痛み、ふきげん、よだれは重症のサイン。

症状とケアのポイント

のどから気管の間の部分は、喉頭《こうとう》と呼ばれます。その喉頭にある声帯《せいたい》の周辺が炎症で腫れ、それによってさまざまな症状が出る病気をまとめて、クループ症候群と言います。

原因の大半はウイルスの感染によるもので、風邪に伴う軽い症状のものがほとんどです。

ただし、急性喉頭蓋炎《がい》といって、一部の細菌感染によって症状が強く出ることがあり、夜間など急に呼吸困難を起こすことがあるので注意しましょう。急性喉頭蓋炎の特徴は、高熱やきげんの悪さ、よだれ、強いのどの痛み、下あごを前に突き出す姿勢をとり、苦しそうな呼吸をすることなどです。

安静にして水分を多めに摂り、加湿器を使ったり、洗濯物を部屋に干したりして加湿をします。

のどの安静も大切です。激しく泣いたり、咳をくり返したりすると症状が強くなります。**咳の刺激にならないよう冷たい空気や乾いた空気、香水や芳香剤など、刺激や臭いの強い空気は避けましょう。**

●おうちケアに役立つ「救急箱」はこちら

▼熱っぽい→P78～81

▼咳《せき》・痰《たん》が出ている→P84～85

こんなときは病院へ

❶チアノーゼ（唇が紫色になる）が見られる。

❷呼吸が苦しそう。

❸喘鳴が強い。

❹声が出ない。

❺不安感が強い。

❻40℃以上の高熱が出る。

❼きげんが悪い。

❽ぐったりしている。

❾よだれが出る。

❿水分が摂れない。

ほとんどは軽い症状で経過しますが、急性喉頭蓋炎を見逃さないことが大切です。

特徴的な咳から診断は容易ですが、病院では、のどのレントゲンを撮る場合もあります。治療は、気道を開く薬の吸入が即効性があります。さらにステロイドの吸入や注射が追加されたり、ステロイドの内服薬が処方されることもあります。これらで症状が改善しないときは入院になります。

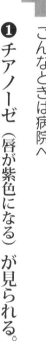

誤飲・誤嚥《ごえん》

その場で吐かせるか、吐かせられないときはすぐに病院へ連絡を！

子どもが見せるサイン

誤飲：
①消化管異物……嘔吐、胸の痛み、吐血、飲み込みにくい。
②急性中毒……吐き気・嘔吐、よだれ、顔面蒼白、意識の異常。または無症状であることも。

誤嚥：
①突然の咳《せき》、むせ込み、窒息《ちっそく》による呼吸困難（ゼーゼー、ヒューヒューという喘鳴《ぜんめい》、唇が紫色になるチアノーゼなど）、のどに手を当てる。

症状とケアのポイント

誤飲は、異物を誤って飲み込み、食べものの通り道（食道）に入ること。消化管異物と、薬や化学物質による急性中毒があります。

誤嚥は、異物を誤って飲み込み、空気の通り道（気管支）に入ること。食事中やあそんでいるときに、突然のむせ込みや咳ではじまります。

子どもはあらゆるものを誤飲・誤嚥する可能性があります。避けるには、とにかく子どもの手の届く範囲に危険なものは置かないことです。

誤飲したときは、消化管異物を家庭で取り除ける場合はすぐに行います。それ以外の場合は、迅速に病院や救急ダイヤルに相談して対応してください。

誤嚥したときは、窒息による呼吸困難（ゼーゼー、ヒューヒューという喘鳴、唇が紫色になるチアノーゼ）がある場合、すぐに異物を取り除きます。P88〜89も参考にしてください。

●おうちケアに役立つ「救急箱」はこちら

▼ヘンなものを飲んだ→P88〜89

こんなときは病院へ

誤飲は「何を、いつ、どれくらい飲んだか」、誤嚥は「いつ、何をしていたか」が診断や治療で必要になります。病院には誤飲・誤嚥いずれの場合も飲み込んだのと同じ種類のものを持参します。

誤飲の場合、病院や救急ダイヤル、中毒情報センター*に連絡し、指示に従います。

誤嚥の場合、緊急性のある窒息による呼吸困難以外でも、症状が続くなら受診します。病院では異物の確認のため、レントゲンや透視の検査を行います。気管支の異物は内視鏡で取ることも。

急性中毒の治療は、誤飲したものの種類、症状により処置が異なります。除草剤、漂白剤、トイレ洗剤、防虫剤（ナフタリン、樟脳《しょうのう》）、殺虫剤などは、毒性が強い化学物質なので、迅速に受診しましょう。

病院では、食道までの異物は、先端にバルーンや磁石のついたカテーテルで取ります。胃の異物は、原則として無処置で、うんちで排泄されるのを待ちます。腸がつまる、破れるなどの場合は緊急手術となります。

＊中毒110番：029-852-9999（つくば）、072-727-2499（大阪）

食物アレルギー

症状が出る食べものは一時的に排除し、成長につれて判断を。

子どもが見せるサイン

次のような、さまざまな症状が出る。

①皮膚：じんましん、皮膚のかゆみ、湿疹《しっしん》。
②目：結膜《けつまく》充血、目のかゆみ、まぶたの腫れ。
③消化管：下痢、嘔吐、腹痛。
④気道：口のかゆみ、口の腫れ、喘鳴《ぜんめい》（ゼーゼー、ヒューヒュー）。
⑤アナフィラキシーショック：血圧低下、顔面蒼白、意識障害。

症状とケアのポイント

食物による健康障害のうち、アレルギーによるものを食物アレルギーと言います。特定の子どもが特定の食べものを食べたときにだけ症状が出ます。あらゆる食べものにより食物アレルギーは起こりますが、年少児では、卵、大豆、小麦、年齢が高くなるにつれ、甲殻類（エビ、カニ）などの頻度が多くなります。**症状を認める食材は一時的に除去しますが、アレルギーに対する根本の対策は、生活全般を整えることです。**

血液検査は参考にはなりますが、実際の症状とはかならずしも一致しません。**食事の制限については、実際に食べてみて症状が出るかどうかを見ることが重要です。**検査の値にかかわらず、積極的に食べられるものを増やしてよいでしょう。**明らかにじんましんや強い症状を起こしたものは加工品を含**

めて完全に除去します。
新しい食材を食べはじめるときや、再開するときの原則は次の2点です。
❶日中にごく少量（ひとさじ）からはじめ、大丈夫なら量を増やしていく。
❷加工（加熱）したものから生のものに近づける。
年齢が高くなるにつれて、多くのものは食べられるようになります。自宅で食べさせるのが不安な場合は、病院で負荷試験を行います。

●おうちケアに役立つ「救急箱」はこちら

▼目をかゆがる、目が真っ赤→P87

▼吐きそう、吐いてしまった→P90〜91

▼おなかを痛がる、おなかの調子が悪い→P92〜93

▼かゆがっている、かゆみのあるブツブツ（発疹《ほっしん》）が出ている→P100〜101

こんなときは病院へ

❶全身のじんましん。
❷吐き気や腹痛が強い。
❸ぐったりしている。
❹喘鳴（ゼーゼー、ヒューヒュー）があるなど、呼吸困難。
❺顔面蒼白。
❻意識障害。

病院では、アレルギーの血液検査や入院して食物負荷試験などが行われます。通常は原因食物の除去と抗アレルギー薬の処方などが行われます。強い症状を起こすものは完全に除去しますが、軽いものは食事制限を強く指導しないのが主流です。アナフィラキシーに対しては、すぐに自分で注射する携帯薬（エピペン）が処方されることもあります。

食物アレルギーは症状が多様で、気づかれない場合もあります。疑わしい場合は、食品リストをつくり、くり返し同じ食べもので症状が出るかを確認します。多くは皮膚のかゆみやじんましん、口の腫れなど軽い症状ですので、自宅で対処できます。まれに血圧の低下や喘鳴など呼吸困難の症状が出るアナフィラキシーショックのサインを見逃さないことが大切です。

亜脱臼《あだっきゅう》

亜脱臼が起きたら病院へ。くり返すようなら家庭で整復を。

子どもが見せるサイン

① ひじの関節がはずれた状態で、腕を動かせず、だらんとしている。痛みを伴うことも。

② ちいさい子は、ただ泣くだけのことも。

症状とケアのポイント

亜脱臼は、肘内障《ちゅうないしょう》とも呼ばれます。発達途中の幼い子どもは、関節がしっかり固定されておらず、外からちょっとした力がかかっただけでもはずれてしまうために起きます。1～5歳くらいの子どもに多く見られ、腕を引っぱられたときのほか、転んだ、寝返りをしたなどをきっかけに起こることもあります。

亜脱臼を起こさないための最大の対策は、**日常生活で腕を急に引っぱったり、強い力で伸ばしたりしないことにつきます。**

また、**一度、亜脱臼を起こした子どもは、くり返すことがあるので、ふだんから腕に力がかかりすぎないよう、とくに注意しましょう。**

頻繁に起きる場合は、脱臼を正常な状態に戻す「整復方法」を、かかりつけの医師から聞いておくのもいいかもしれません。子どもが自分で腕を動かせる状態になれば、整復は成功です。

こんなときは病院へ

❶はじめての症状。
❷泣き続けるなど、痛みが強いと思われる場合。
❸腕が腫れている。
❹腕が上がらない。
❺手や指の色が変色している。
❻手の感覚がない。
❼家庭で整復しても、症状が回復しない。

「腕が引っぱられた」といったこころ当たりがあれば、症状や状態から診断は容易です。整形外科医、あるいは経験のある小児科医であれば、簡単に整復することができます。検査や麻酔、手術は必要ありません。

整復の経験があれば家庭でもできますが、はじめての場合は病院を受診しましょう。また、腕が腫れたり赤くなったりする症状が見られたときは、骨折が考えられますので、その場合は受診しましょう。

成長痛

病気ではなく、甘えやストレスが原因の場合も。スキンシップで解消を。

子どもが見せるサイン

①不定期にくり返す、下肢の痛み。ひざ、かかと、太ももに多い。ふくらはぎ、すね、足関節、股関節などのこともある。

②幼児は、ただ泣いたり、ふきげんになるだけの場合もある。

症状とケアのポイント

成長期の子どもに多く見られるため、「成長痛」と言われていますが、これは通称です。医学的には、骨の成長に伴って痛みが出ることはありません。

下肢の痛みを起こす病気（骨端症《こったんしょう》*、スポーツ障がいなど）や、そのほかの病気がないときなど、症状があっても原因がはっきりわからない場合に、成長痛と診断されます。

夕方から夜間に痛むことが多く、泣くほど痛いときもあるものの、朝にはケロッとしています。あそび、登園・登校など、日常生活に支障は見られないのも特徴です。

3～12歳くらいの子どもに多く、痛みは30～60分、長くても数時間程度でおさまります。痛む頻度は、週に数回、月に1～2回などさまざまです。いずれも、不定期にくり返すことが多く、痛む場所が変わります。

＊子どもの骨の端（骨端）は、成長とともに硬い骨に変化しますが、なんらかの理由でこの部分の血液の循環が悪くなって壊死する病気。

成長痛は病気ではありません。成長痛があったとしても、のちに何かの後遺症につながることはありません。

成長痛は、甘えや欲求不満、何かのストレスによって出る場合もあります。次のポイントに注意して、ようすを見ましょう。

・子どもが痛みを訴えるときは、さすってあげたり、抱っこしたり、マッサージを（ほとんどの場合、スキンシップで症状がやわらぐ）。

・年齢に見合った運動をこころがける（運動やスポーツのしすぎで、成長痛のような症状が出ることも）。

・ストレスをためない。

こんなときは病院へ

❶痛みが8時間以上続く。

❷朝になっても痛みがとれない。

❸毎回、同じ場所を痛がる。

❹熱や腫れがある。さわると痛がる。

❺関節の動きが悪い。股関節に痛みがある。

❻足を引きずる。

❼年齢が中学生以上。

❽皮膚にちいさな出血（点状出血）が見られる。
↓アレルギー性紫斑《しはん》病であるＩｇＡ血管炎（Ｐ184〜185）の可能性があります。

大切なのは、下肢の痛みを起こすさまざまな病気との鑑別です。病院では下肢のレントゲン検査を行い、病気の有無を確かめる場合もあります。

ロコモティブシンドローム

病気ではなく、運動不足や悪い姿勢が原因。外あそびをしましょう!

子どもが見せるサイン

① バランス感覚や柔軟性：朝礼で立っていられない、和式トイレが使えない、ぞうきん掛けができない。
② 危機回避：転んだときに手をつけない、キャッチボールで球が顔に当たる。
③ 姿勢不良：姿勢がくずれる、猫背、あごが突き出る。
④ その他：ボールが投げられない、すぐ骨折する、突き指やねんざをしやすい。

症状とケアのポイント

ロコモティブシンドローム（以下、ロコモ）**は、病気ではありません。**基本的な動作（片足でしっかり立つ、手をまっすぐ上げる、しゃがみ込む、前屈する）ができない子どもが急増しており「子どもロコモ」と言われます。バランス感覚や柔軟性の低下、危機回避能力の低下、姿勢の悪さ（猫背、あごが突き出る、骨盤が後ろに倒れている状態）が問題になります。日常生活に大きな問題はなくとも、ケガや骨折をしやすくなり、将来のメタボリックシンドロームや、大人のロコモにつながることも。

ロコモの原因は、社会や環境の変化による運動不足（登園などで歩かない、外あそびの減少）、**偏食、姿勢を悪くする生活**（テレビやビデオゲーム、スマートフォンなどの使いすぎの影響）です。

対策は、外あそびなど、とにかくからだを動かすリアルな体験を増や

すことです。外あそびは運動になるうえ、危機回避の訓練になる、日光に当たる、微生物にふれる、ストレスを解消する、人間関係の練習になるなど、いいことずくめです。

姿勢の矯正や「子どもロコモ体操」*1などによる改善も報告されています。姿勢に関しては、習字や剣道、茶道など日本の伝統的な習いごともおすすめです。

こんなときは病院へ

❶痛みの症状を伴う。
❷外反母趾や背骨が弯曲《わんきょく》するといった、からだの変形が見られる。
❸日常生活に支障がある。
❹さまざまな対策をしても症状が改善しない。

最近は、運動器機能の異常を早期に発見して対策を行うため、乳幼児の健康診断などでも問診と診察が行われ、病院を紹介されることも。基本的には、ロコモは病気ではないので、通常は受診の必要はありません。

大切なのは、治療の必要な病気が隠れている場合があり、それを見逃さないことです。たとえば、生活に支障が出るほどのO脚やX脚や外反母趾、脊柱側弯《せきちゅうそくわん》症（背骨が弯曲してしまう病気）、脊椎《せきつい》分離症（背骨の一部が分離してしまう病気）、ペルテス病（大腿骨頭《だいたいこっとう》の軟骨に変形が生じる股関節の病気）、大腿骨頭すべり症（大腿骨の頭の部分が後ろにすべってしまう病気）、先天性股関節脱臼《だっきゅう》など。また、運動不足だけでなく、運動のやりすぎによるスポーツ障がい（とくにオスグッド病*2）もあります。

病院では、これらの病気が疑われるときにはさまざまな検査（採血、レントゲン、エコー、MRIなど）が行われます。

＊1「全国ストップ・ザ・ロコモ協議会（https://sloc.or.jp/）」で動画が見られます。＊2 ひざの脛骨結節部が痛む、腫れるなどの病気。

やけど

まずは流水で冷やして！　水ぶくれは破かないようにしましょう。

子どもが見せるサイン

高温のものや熱湯などによって、肌が損傷している状態。

やけどの深さによって、次のように区別される。

①Ⅰ度：皮膚に赤みやむくみ、痛みなどが見られる。

②Ⅱ度：Ⅰ度の症状に加え、水ぶくれが見られる。

③Ⅲ度：皮膚がなくなる、白・黒・褐色になる。

症状とケアのポイント

やけどは深さによって、それぞれ処置の仕方、治り方、後遺症が異なります。

Ⅰ度：傷あとも残らず数日で治ります。

Ⅱ度：通常は数週間で治ります。しかし、やけどが深い場合は痛みも強く、色素沈着や皮膚のひきつれなどの後遺症が残ることがあります。

Ⅲ度：痛みを感じる神経も損傷しているため、痛みはありません。皮膚のひきつれやただれなどの後遺症の可能性が高まります。

家庭での処置は、**まずは痛みが和らぐまで、流水で充分に冷やすこと**です。**水ぶくれがある場合は、破いたり、はがしたりしないでください。軽いやけどは家庭で湿潤治療**（P99）**が行えます。**傷口の感染を防げるかどうかがポイント。やり方がわからない場合や不安がある場合は、病院を受診したほうが無難でしょう。

●おうちケアに役立つ「救急箱」はこちら
▼やけどをした→P98〜99

こんなときは病院へ

❶ **湯たんぽなどによる低温やけど。**→見た目には症状が軽くても、障がいが肌の深くにまで及んでいる可能性があります。

❷ **膿《うみ》が出る、痛みが続くなど。**→感染症の疑いがあります。

❸ **顔、手、性器、気道、関節のやけど。**

❹ **皮膚が白・黒・褐色に変色している。**

❺ **治りが悪い。**

やけどの範囲が広い、ジクジクした液体（浸出液）が多く出ている、清潔な処置がむずかしいといった場合は受診が必要です。

皮膚が破れるなども含め、水ぶくれができるやけどの範囲が、からだ全体の10％以上を占めている、または範囲が狭くてもⅢ度の症状が見られるなら、ただちに病院へ。

明らかに広範囲で深いやけどは、衣類を脱がさず、流水などで冷やしながら救急車を呼びます。

発疹《ほっしん》

かゆみがある場合、かき壊さないように注意して、自然に経過を。

子どもが見せるサイン

慢性的ではなく、急性（突発的）に肌にブツブツが出ている状態。

かゆみを伴うことも。

症状とケアのポイント

発疹が出る病気はとても多く、

① 伝染性のもの
② ウイルス感染
③ 細菌感染
④ じんましん（場所が移動する、出たり消えたりするのが特徴）

などの原因が考えられます。

原因のうち、④じんましん以外はひとにうつす可能性があるため、発疹が出ている間は外出しないようにします。

発疹のほとんどは、自然に治ります。かき壊すなどして化膿してしまったら、ジクジクが広がらないように、ガーゼを巻いて保護しておきましょう。

●おうちケアに役立つ「救急箱」はこちら
▼かゆがっている、かゆみのあるブツブツ（発疹《ほっしん》）が出ている→P100～101

こんなときは病院へ

❶発疹が急速にどんどん広がっている。

❷喘息《ぜんそく》のような喘鳴《ぜんめい》（ゼーゼー、ヒューヒュー）がある。
→アナフィラキシー症状の可能性があります。

❸ぐったりしている、または発熱、咳《せき》、嘔吐、下痢、けいれん、むくみなど、発疹以外の症状を伴う。

❹5日以上熱が続いている。→川崎病（P114～115）の可能性があります。

❺いつまで経っても発疹がよくならない。

❻ひとにうつるかどうか判断できない。

❼登園・登校のために許可証が必要な場合など。

❶～❸の場合は、夜間でも病院を受診しましょう。
❻と❼は、診断や確認のために必要な受診です。

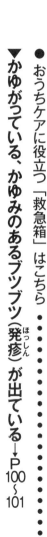

とびひ

とびひ自体はほとんど重症化しませんが、合併症に備えて病院へ。

子どもが見せるサイン

①かゆみを伴う水ぶくれ。
②かゆみの少ないかさぶた。
③①②のどちらも、膿瘍《のうよう》（膿《うみ》がたまった状態）や、びらん（ただれ）を伴いやすく、患部の周囲や、ときに全身に広がることがある。

症状とケアのポイント

とびひの正式な病名は「伝染性膿痂疹《のうかしん》」と言います。とびひを引き起こす「黄色ブドウ球菌」と「レンサ球菌」は皮膚や口・鼻の常在菌ですが、本来皮膚には少ない菌です。皮膚のおもな常在菌である表皮ブドウ球菌やアクネ菌がダメージを受けると、これらの菌が悪さをして発症します。

また、とびひは感染症ですが、皮膚の症状は菌自体ではなく、菌が生成する毒素によるものです。虫さされ（P176～177）や、あせも（P166～167）のかき壊しなど、皮膚の傷がきっかけとなり、広がることが多くあります。

自然療法の観点からは、**感染症にかかるのには意味があり、自然経過で広がるだけ広がったら収束します**。症状を見えなくすることは、皮膚の炎症を通じて排出するべきものを排出させなくしてしまうとも言えます。抗生剤による治療は、一時的に皮膚で増えてしまった、とびひを引き起こす菌に効果がありますが、善玉である常在菌にもダメージを与えます。本来は、常在菌を回復させることが、そうした菌を抑えることになります。

とびひは、冷え体質だと症状が広がりやすくなります。からだを温める食事で、腸内環境を整える生活をこころがけることが、予防につながります。季節や土地に合わない食べもの、砂糖、くだもの、果菜類、小麦などを摂りすぎないようにしましょう。皮膚を清潔に保つことも大事ですが、抗菌石けんや、消毒・抗菌グッズなどの過度の使用も、常在菌のダメージにつながるため注意が必要です。

皮膚を保護してあれば登園・登校可能です。プールは治癒するまで中止しましょう。

● おうちケアに役立つ「救急箱」はこちら

▼**かゆがっている、かゆみのあるブツブツ（発疹《ほっしん》）が出ている**→P100～101

こんなときは病院へ

とびひ自体の重症化はほとんどありませんが、発症した場合、頻度は低いものの合併症もあるため、病院を早めに受診するのが無難でしょう。注意すべき合併症は、次の通りです。

❶「黄色ブドウ球菌」によるもの

感染による合併症は「ブドウ球菌性熱傷様《ねっしょうよう》皮膚症候群」で、高熱、全身の皮膚の赤み、水泡、皮むけ、ただれがおもな症状です。

❷「レンサ球菌」によるもの

感染による合併症は「糸球体腎炎*」で、尿が少ない、尿が赤い（血尿）、顔（とくにまぶた）のむくみが特徴です。また「猩紅熱《しょうこうねつ》」を伴う場合もあり、これは高熱や口のまわりを除いた全身の発疹《ほっしん》が特徴です。

とびひは細菌の感染症なので、病院での治療が有効です。一般的な治療では、抗生剤やかゆみ止めに加え、皮膚の保護や広がるのを防ぐための内服薬や軟こうが処方されます。

*「レンサ球菌」に感染した後2～4週間後くらいに見られることが多い。

あせも

かゆみを抑えて、肌を引っかかないように。汗で皮膚が蒸れない対策も。

子どもが見せるサイン

①赤くてちいさい発疹《ほっしん》ができ、かゆみやチクチクした痛みを伴う。
＊前段階として、透明でちいさな水疱《すいほう》のような発疹が見られる。
②化膿《かのう》すると、ジクジクしたり、ブヨブヨするところにちいさな膿《うみ》がたまる。
③乳幼児では、きげんが悪いなどのようすもみられる。

症状とケアのポイント

あせもは、皮膚にある汗を出している管（汗管《かんかん》）がつまることでできます。大量の汗をかいたまま放っておくと、汗の成分やほこり、汚れなどで汗管がつまり、あせもができます。日本は高温多湿で、子どもは体内の水分量が多く、代謝も活発です。運動量も多いので、あせもができやすくなります。

かゆみはありますが、何もしなくても自然に治るのがほとんどです。しかし、肌を引っかいて菌が入ると、とびひ（P164〜165）や、おできになったりするので注意が必要です。

健康には、汗をかくことが欠かせません。汗をかくことで体温や全身の水分の巡りを調節し、体調を整えることができます。一方、現代人は空調を使いすぎて汗腺《かんせん》の発達が悪く、汗をかくのが苦手。熱中症が増加しているいちばんの原因にもなっています。**汗をかいても、あせもにならないように工夫とケアをしてあげましょう。**

汗をかくときは、次のことに気をつけましょう。

・高温多湿の環境では、風通しをよくする（熱中症の予防にも）。
・日頃から、吸湿性や通気性のよい、天然素材でできた衣服を着るようにする。

大量に汗をかいたら、次のようにして、あせもを防ぎましょう。

・ハンカチやタオルで、押さえるように汗を拭く。
・汗をかいたら、そのままにせず、着替える。
・シャワーを浴びる、入浴する（石けんは不要）。

● **おうちケアに役立つ「救急箱」はこちら**

▼かゆがっている、かゆみのあるブツブツ（発疹《ほっしん》）が出ている→P100〜101

こんなときは病院へ

❶1週間以上治らない。
❷かゆみが強い。
❸範囲が広がっている。
❹ジクジクしている。
❺とびひになっている。
❻きげんが悪い。

病院では、保湿剤や亜鉛華《あえんか》軟こう、ステロイド軟こうなどが出されます。

感染症が疑われるときは、さらに抗生剤の内服薬や軟こうが追加されることもあります。

脂漏性湿疹《しろうせいしっしん》

沐浴《もくよく》などのケアで自然に治ります。皮脂がたくさん出る部分を清潔に。

子どもが見せるサイン

乳児早期に、頭や額に見られる湿疹。

①ジクジクした湿疹。

②ベトベトした黄色い分泌物《ぶんぴつぶつ》や、それが固まったフケのようなもの。

③黄色いかさぶた。

④かゆみや痛みはほとんどないか、あってもとても軽い。

症状とケアのポイント

1歳までの乳児に見られる湿疹を乳児湿疹（P170～171）と言いますが、この中で皮脂が原因で起こるものを脂漏性湿疹と言います。生後2週～3ヶ月くらいの乳児早期に多く見られます。乳児湿疹やアトピー性皮膚炎（P172～173）との区別が難しい場合がありますが、皮脂が原因と思われる、できる部位がほぼ決まっている、黄色いジクジクした湿疹やかさぶたが見られる、かゆみがほとんど出ないなど、ほかの湿疹と明らかに異なる特徴を見逃さないようにしましょう。

原因は皮脂が過剰に出るためと考えられており、皮脂が多く出る頭皮や額の髪の生え際、眉毛、耳の裏に起こります。ひどくなると、皮脂によるジクジクした湿疹とほこりやゴミなどが一緒に固まり、そこにさらに皮脂がついて、厚くかたいかさぶたの固まりのようになることがあります。場所も頭全体や顔にまで広がることがあります。

症状が強く気になる場合は、皮脂がたくさん出る部分を洗い流します。

通常の沐浴をていねいにすることで充分です。沐浴に石けんは不要ですが、使うなら肌や環境によいナチュラルなものにしましょう。

かさぶたの固まりのようになってしまったときは、オリーブオイルやワセリンなどを使ったり、蒸しタオルで固まった部分をふやかしてから、指の腹などでやさしくこすります。いっぺんにはがすと出血や痛みがありますので、数日かけて取るくらいの感覚がいいでしょう。

ほとんどの場合は、沐浴などの家庭でできる対処で、遅くとも6ヶ月くらいまでには症状がなくなりますので、病院の受診は必要ありません。

こんなときは病院へ

❶頭全体や顔など範囲が広い。枕などに顔をこすりつける動作が見られる。

❷かゆみが強く、かいている。

❸ジクジクが強い。

❹膿《うみ》が出るなど感染の症状がある。

❺6ヶ月を過ぎても治らない。

病院では、ステロイド薬や保湿剤の軟こうが出されることがあります。またアトピー性皮膚炎と言われることもあります。

乳児湿疹《しっしん》

自然に治りますが、湿疹が全身に広がるなら、専門の病院を受診して。

子どもが見せるサイン

1歳までの乳児に見られる湿疹。

①多く見られる場所は、顔、耳の下、ひじの内側、ひざの裏側、手首、頸部《けい》（首）、胸。全身に広がるときも。

②皮膚の乾燥、赤い湿疹、ジクジクした湿疹（浸出液を伴う）、硬貨のような丸い湿疹など。さらに、ガサガサの皮膚、象の皮のような皮膚、皮膚の黒色化など。いずれも強いかゆみを伴う。

症状とケアのポイント

1歳までの乳児が発症する湿疹を、乳児湿疹と言います。脂漏性《しろうせい》湿疹（P168～169）のことを乳児湿疹と呼ぶひとが多いのですが、わたしは区別しています。

原因は、胎児期からの先天性の不要なものを、皮膚から排出していることだと考えています。現代生活は不自然な化学物質にあふれており、どんなに気をつけていても、完全に避けることはできません。あくまでわたしの個人的な経験からですが、親が自然に沿った生活をこころがけている場合ほど、症状が出やすい（子どもの解毒力が高い）特徴があります。

乳児湿疹は、何もしなくてもほぼ全員の症状が改善します。病気ではなく、不要なものの排泄が終わった時点で症状がなくなるからです。そのため、**自然に治るのを邪**

魔しないのが最善の方法です。

ただし、全身に湿疹が広がり、皮膚からジクジクした浸出液が出る場合があります。このとき問題になるのは、脱水と栄養障害です。脱水は生命の危険の可能性があり、栄養障害は発達の遅れにつながることがあります。

ステロイドを使わなければ（皮膚からの排出をさまたげなければ）１歳までにほとんどが、２歳までにほぼ全員が改善します。対処のポイントは、①ステロイドや保湿剤を使用しないこと、②栄養を充分に摂ることの２点につきます。

母乳を止める必要はありませんが、離乳食を早期にはじめることが大切で、体重がしっかり増加していることがポイントです。あらゆる、薬剤（漢方薬を含む）、サプリメント、健康食品など、特別な治療は一切必要ありません。

●おうちケアに役立つ「救急箱」はこちら
▼かゆがっている、かゆみのあるブツブツ（発疹《ほっしん》）が出ている→P100〜101

こんなときは病院へ

❶全身に湿疹が見られる。
❷ジクジクが強く、浸出液が多く出る。
❸脱水の症状が認められる。
❹膿《うみ》が出るなど感染の症状がある。
❺体重が増えない。
❻神経発達が進まない。
❼１歳を過ぎても治らない。
❽充分な睡眠がとれない。

病院では、「乳児のアトピー性皮膚炎」と言われることが多く、治療もアトピー性皮膚炎と同様にスキンケア（清潔・保湿がメイン）と薬物療法が中心になります。

ほとんどの場合にステロイド軟こうと保湿剤が、ときに内服で抗アレルギー薬が処方されます。とくに、ステロイド軟こうは根本治療ではなく対処療法ですが、ほぼかならず処方されます。これにより症状は速やかになくなることも多いのですが、本来出るべき皮膚からの排泄も止まってしまいます。

アトピー性皮膚炎

食生活・メンタル面の長期的な見直しをしましょう。

子どもが見せるサイン

1歳以降に見られる湿疹《しっしん》。

① とてもかゆみが強い。

② よくなったり悪くなったりをくり返しながら慢性化する。

③ 湿疹は左右対称に出やすい。全身のどこにでも見られる。多いのは、耳の下、ひじの内側、ひざの裏側、手首、頸部《けい》(首)、胸。

④ 乾燥とジクジクした発疹《ほっしん》を中心にあらゆる皮膚の症状が出る。皮膚の乾燥、赤い湿疹、ジクジクした湿疹(浸出液を伴う)、硬貨のような丸い湿疹など。

症状とケアのポイント

1歳以降に発症する湿疹を、アトピー性皮膚炎と呼んでいます。アレルギー体質がベースにあり、そこに生まれてからの不自然な生活が蓄積されることが原因と考えています。以前は多くが成人になるまでに改善していましたが、最近では大人のアトピーも増えてきました。

アトピー性皮膚炎は、**いままでの生活の蓄積によるアレルギー的な側面が強いため、生活全般の根本的な改善が必要になります。**また、**症状がメンタル的な影響を受けやすいのも特徴です。**

ステロイドの使用は対症療法であり、のちに悪化や「やめられない状

態」を引き起こすため、わたしは使用をとても慎重に考えています。ステロイドを使用しない場合は、見た目はすぐに戻りませんので、周囲の理解を得ることがより重要になります。

基本的にはP38からの「腸内細菌を育てる暮らし」をしつつ、実践的な対策は次のようなことです。

ステロイド、保湿剤を使用しない／かくのをやめさせない／入浴は、できれば水道の塩素をシャワー用浄水器などで除去する。石けんは使わないか、泡をのせる程度にする／ストレス対策（湿疹を気にしない、理解を得られるひとと交流する、好きなことをする）／協力体制を築く（家族、園や学校、保健所、病院などとの良好な関係が大切）

●おうちケアに役立つ「救急箱」はこちら

▼かゆがっている、かゆみのあるブツブツ（発疹《ほっしん》）が出ている→P100～101

こんなときは病院へ

❶全身に湿疹が見られる。
❷かゆみが強い。
❸痛みを伴う。
❹学習や睡眠・心理面など、日常生活に支障がある。
❺膿《うみ》が出るなど感染の症状がある。
❻水疱瘡様《みずぼうそうよう》の水疱《すいほう》や痛みがある。
❼いつまでも改善が見られない。

病院での治療は、乳児湿疹と同様にスキンケア（清潔・保湿がメイン）と薬物療法が中心になります。多くはステロイド軟こうと保湿剤が出され、さらに内服で抗アレルギー薬が処方されます。場合により免疫抑制剤の軟こうが使われます。これらにより症状が見られなくなることもありますが、やめるとすぐに再発することがほとんどです。

ステロイド薬は対症療法であり、長期に皮膚に影響を与える、やめられなくなる（依存）など多くの問題がありますが、ほとんどの医師が強く使用をすすめます。使用しない場合は、対策をよく知っておくことが必要ですので、理解のある医師と相談するのがいいでしょう。

水痘《すいとう》（水疱瘡《みずぼうそう》）

水分補給をしながら、自宅で安静に過ごしましょう。

子どもが見せるサイン

① かゆみの強い発疹《ほっしん》（水疱《すいほう》）が、頭皮を含む全身に出る。

② 発疹は、蚊にさされたような赤みから、次第に水疱になる。治るときにかさぶた（痂皮《かひ》）ができる。

③ ほかに、発熱（38℃台くらいまでの微熱が多く、熱が出ない場合も）。まれに口内炎も。

症状とケアのポイント

水痘（水疱瘡）は「水痘・帯状疱疹《たいじょうほうしん》ウイルス」による感染症です。潜伏期間は10～21日で、とても強い感染力をもちます。しかし、かゆみの強い発疹（水疱）と発熱（ないことも多い）以外にはほとんど症状がなく、軽い感染症です。年齢が上がるほど症状が強くなりやすい特徴があります。

ほかの発疹症ではあまりない頭皮にも出るのが特徴です。水疱が出た順にかさぶた（痂皮）に変わっていくので、通常は水疱とかさぶた（痂皮）の混在が見られます。**自然に治る病気で、症状も軽く経過しますので、ほとんどのものには薬は必要ありません。**

ひとにうつすことを防ぐため、**自宅で安静にし、水分を充分に摂るだけで特別のケアは必要ありません。**口内炎になることもありますが、痛みは強くないため、通常は食欲が落ちることもありません。すべての発疹がかさぶた（痂皮）になったら感染力はなくなりますので、登園・登校できます。

水痘（水疱瘡）のウイルスは、症状がなくなっても体内に生涯とどまり、免疫力が低下した際に再び活性化して、帯状疱疹を引き起こします。日本では、水痘（水疱瘡）ワクチンが定期接種になってから、帯状疱疹の増加と低年齢化が著明に見られます。これは、ワクチン接種の徹底により、発症する子どもが減少したために、ブースター効果が得られなくなったためです。わたし個人の意見としては、将来の帯状疱疹の予防のためにも、なるべくワクチンや薬を使わず、低年齢のうちに自然に経過させて強い免疫をつけるのがいいと考えています。

●おうちケアに役立つ「救急箱」はこちら

▼かゆがっている、かゆみのあるブツブツ（発疹《ほっしん》）が出ている→P100〜101

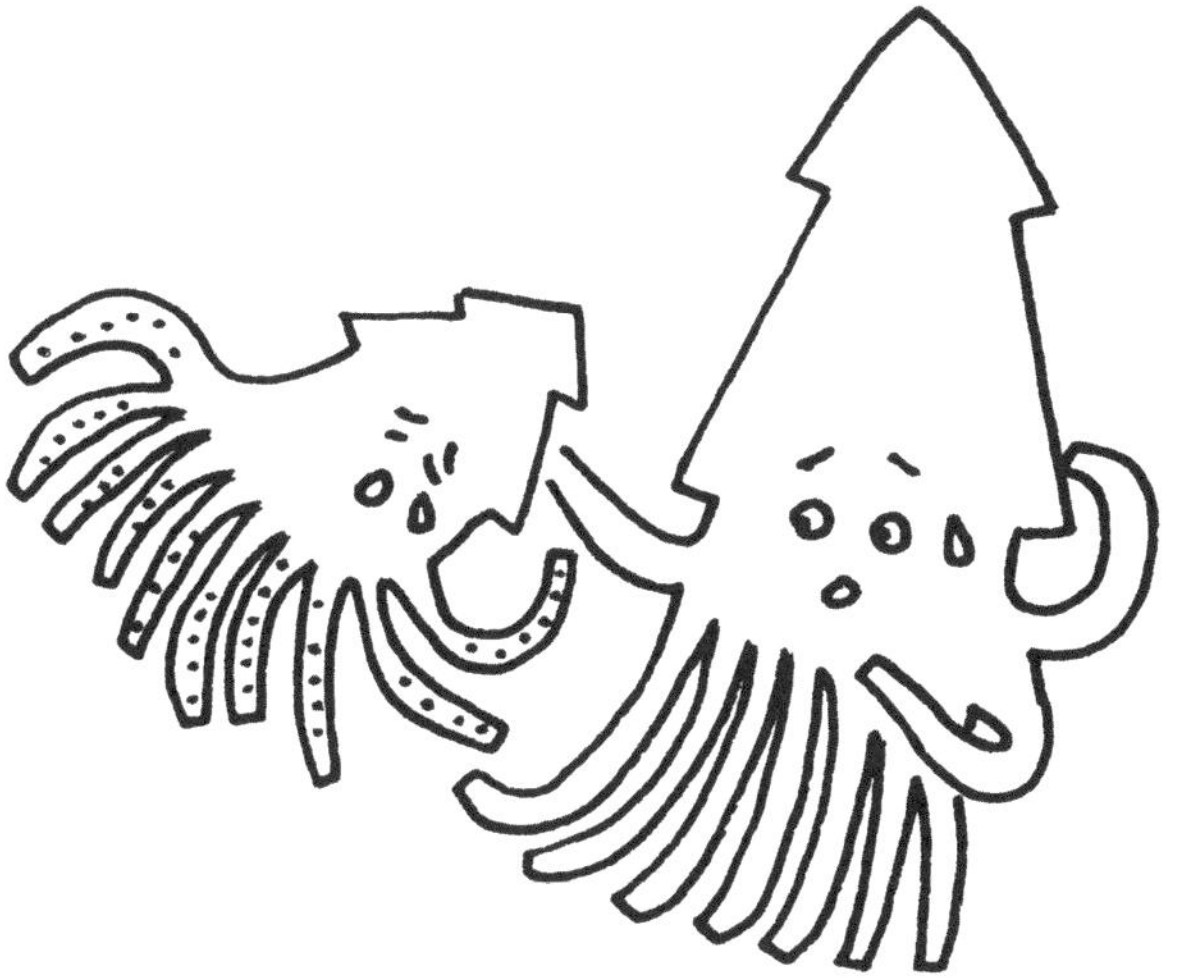

こんなときは病院へ

❶40℃以上の高熱。
❷発疹が全身に見られ、数が多い。
❸発疹部から皮膚が腫れて痛みを伴う。
↓細菌感染の合併症の可能性があります。
❹水分が摂れない。
❺おしっこが少ない。
❻ぐったりしている。
❼きげんが悪い。

通常、病院では、抗ウイルス薬の内服薬とかゆみ止めの軟こうが処方されます。

虫さされ

ナチュラルな虫よけ対策をしつつ、さされたらできるだけ自然なケアを。

子どもが見せるサイン

虫にさされて起こる、皮膚のかゆみ・痛み。

① ブツブツ（発疹《ほっしん》）、水ぶくれ、じんましん。赤み・腫れ。

② 時間が経ってから、皮膚のしこり・ひきつれが起こることも。

症状とケアのポイント

ひとをさす虫にはたくさんの種類があります。代表は蜂、蚊、ブヨ（ブユ）、アブ、毛虫、ムカデ、クモ、ノミ、ダニなどです。さされると、それぞれ特徴的な症状が出ますが、さされたのに気づかないことも。同じ虫でも、年齢、体質、さされた場所や回数などによって、症状もさまざまです。

かゆみや痛み、じんましんなどは、さされてから比較的すぐに出てくる症状ですが、ブツブツ（発疹）や水ぶくれ、腫れなどは1～2日経ってから出てきます。

一般には、**患部を冷やすと、痛みやかゆみが和らぐことがあります。**ただし、**ムカデに刺された場合は例外で、冷やさずに、すぐに40℃くらいのお湯で洗いましょう。**

虫を恐れて、外あそびを控えたり、防虫対策を必要以上にする場合が見られますが、子どもの活動を制限することは控えましょう。大人が虫よけスプレーやクリーム、ポイズンリムーバーなどを携帯していると安心です。

いわゆる「冷え」の体質があると症状が広がりやすい傾向があります。そのため、ふだんから冷えを招く砂糖、添加物、冷えやすい食べもの、季節や土地に合わない食べものを控えて、よくからだを動かしましょう。

● おうちケアに役立つ「救急箱」はこちら

▼虫にさされた→P97

▼かゆがっている、かゆみのあるブツブツ（発疹《ほっしん》）が出ている→P100〜101

こんなときは病院へ

❶冷や汗、吐き気、腹痛、行動や意識の異常がある。→アナフィラキシーショックの可能性があります。

❷さされた箇所がジクジクと化膿《かのう》している、周囲に広がっている。→とびひ（P164〜165）の可能性があります。

❸症状が1週間など長く続く。

❹皮膚に大きな水疱《すいほう》が現れる。

❺痛みや灼熱感がある。

❻じんましんが全身に広がっている。

虫さされは、虫の種類にかかわらず自然に治るため、ほとんどの場合、受診の必要はありません。ただし、血圧や意識が低下し、いのちにかかわることがあるアナフィラキシーショックには注意を。多くは蜂（とくにスズメバチ）によるものですが、ムカデやクモでも起こります。また、かいたところから感染して、とびひになる場合もあります。

病院では、ステロイドの軟こうが処方されます。さらに、症状に合わせて、かゆみ止めの軟こうや抗アレルギー剤の内服薬が追加されます。

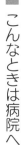

しもやけ

かゆみを抑えて、温めて。日頃からからだを動かしておくことが予防です。

子どもが見せるサイン

① 皮膚が赤くなる、腫れる、かたくなる。
② かゆい、ジンジンする、ムズムズする、熱感など。
③ 室内などであたたかくなると、症状が強くなる。
④ まれに痛みを伴う。

症状とケアのポイント

しもやけは、正式には凍瘡《とうそう》と言います。しもばれ、しもくち、ゆきやけとも呼ばれます。

しもやけは、冬の寒さなどで血流が悪くなることでできる皮膚の炎症です。寒さと、昼夜の寒暖差の両方によってできると考えられています。氷点下近い気温になる真冬よりも、日中の気温が5℃前後で、昼夜の気温の差が大きい秋から冬にかけて、または冬から春にかけての時期に、しもやけが多くなります。大人よりも子ども、男の子よりも女の子に多く見られます。

からだの末端部である手足の先にできやすく、頬、鼻先、耳たぶなどにも見られます。

予防は、からだ、とくに足を冷やさないこと。また、子どもの場合は

何よりも、あそびや運動で日頃からたっぷりからだを動かして、ふだんから血管を鍛えておくことが大切です。

もともと、よく運動する子は、本人が寒がっていないなら、冬でも裸足で大丈夫です。しかし、運動後や入浴後は、急速にからだが冷えるので、温めてあげるように注意します。

しもやけになったときは、**患部を、温水*（40℃くらい）と冷水（常温の水道水）に交互につけて、最後に温める方法が昔から行われています。**

こんなときは病院へ

❶ **痛みが強い。**
❷ **大きな水疱《すいほう》を伴う。**
❸ **皮膚が赤黒く変色している。**
❹ **皮膚の感覚がない。**
❺ **出血している。**
❻ **1週間くらい経っても症状がよくならない。**

しもやけと似たような症状が出るものに、寒さと乾燥によって起こる「あかぎれ」があります。これは、空気の乾燥、手の洗いすぎ、石けん・洗剤などにより皮脂が失われることが原因で、出血や痛みが見られます。

また、より寒い状況下で起こり、手指や足指に重大な障がいが残る「凍傷《とうしょう》」との鑑別が大切です。

＊血管が傷むのを防ぐため、熱い湯は避けます。

水いぼ

何もしなくても自然に治ります。かき壊さないように注意を。

子どもが見せるサイン

① 全身（てのひらや足の裏を除く）に、2～5ミリ程度の盛り上がりのあるいぼができる。

② いぼは、腋《わき》の下、胸、腕の内側などに多く出やすい。まれにかゆみを伴う。

症状とケアのポイント

水いぼは、正式には「伝染性軟属腫《なんぞくしゅ》」という感染症で、「伝染性軟属腫ウイルス」の感染によるものです。ちいさないぼをつぶすと、中に白い固まりがあり、ウイルスが集まっています。

感染力は強くなく、ウイルスの固まりに触れても、皮膚が正常であれば感染しません。しかし、皮膚に傷などがあると、そこから感染すると考えられています。

ウイルスの感染によるものなので、根本的に治す薬はありません。完全に治るまでとても時間がかかるのが特徴で、出たり消えたりをくり返しながら、半年から数年かかることがあります。**何の治療をしなくても治りますし、からだに何の害も与えない軽い感染症と考えられています。**

水いぼができても、日常生活や登園・登校は制限する必要はありません。

プールも禁止する必要はありませんが、タオルや浮き輪、ビート板などの共用は避けることが、日本小児科学会、日本皮膚科学会など主要な学会の共通見解です。

こんなときは病院へ

❶水いぼが多発している。
❷きげんが悪い。
❸水いぼのかき壊しが多く見られる。
❹かいたところから、とびひ（P164～165）が広がっている。

水いぼ専用のピンセットで水いぼを取る病院もありますが、痛みを伴うのでおすすめできません。痛みを和らげる麻酔テープもありますが、こうしたものを使ってまで水いぼを取る必要はないと思います。

水いぼをかき壊してしまい、そこからいぼが広がるのを防ぐため、軟こうが出されることもありますが、効果はあまり得られません。

IgA《アイジーエー》血管炎

何もしなくても自然に治ります。激しいあそびは避けて、安静に。

子どもが見せるサイン

①おもにひざから下の脚部に、紫斑《しはん》（点状のちいさな出血）が出る。通常の発疹《ほっしん》は指で押すと消えるが、紫斑は押しても消えない。

②まれに、皮下で出血が広がり、斑《まだら》状になることも。

③腹痛、ときに激痛がある。血便が見られるが、下痢や吐き気を伴わない。

症状とケアのポイント

IgA血管炎は、アレルギー性紫斑病や血管性紫斑病、アナフィラクトイド紫斑病とも呼ばれます。発症するのは、ほとんどが10歳以下の子どもです。IgAという免疫物質によって、ちいさな血管（毛細血管）にさまざまな症状が出る病気と考えられています。

原因は不明ですが、風邪や溶連菌《ようれんきん》感染症（P116～117）の後に発症することが多く、薬や食べもの、予防接種などもきっかけになる場合があるとされています。

ほとんどの場合は、何もしなくても1～2週間くらい経つとよくなる病気です。激しい運動やあそびを避け、安静にすることが大切です。

免疫反応の異常と考えられるため、ふだんから腸内環境を整えておくことが予防やスムーズな回復につながるでしょう。

●おうちケアに役立つ「救急箱」はこちら
▼おなかを痛がる、おなかの調子が悪い→P92~93

こんなときは病院へ

❶**粘膜（鼻、口の中、眼など）からの出血が見られる。**→ほかの重篤な病気の可能性が考えられるため、ただちに受診を！

❷**強い腹痛、便に血が混じる。下痢や吐き気、嘔吐は伴わない。**

❸**関節（ひざ、足、股関節など）の痛みが強い。**

❹**血尿。**

❺**むくみ。**

紫斑が出るほかの病気との鑑別が大切です。ポイントは、ほかの紫斑病や白血病などで見られる血小板の減少がないこと、血友病で見られる凝固因子の異常などがないこと。

病院では血液検査のほかに、尿検査、便検査、おなかの超音波検査などが行われます。症状が強い場合は入院となり、安静のうえ、ステロイド薬や免疫抑制剤が使われます。ときに、腎炎（腎臓の炎症性疾患）の合併が見られることもあるため、確認のため定期的に尿検査を行うことが多々あります。

食中毒

水分補給を充分にしながら、下痢や嘔吐は止めずに出しきって。

子どもが見せるサイン

①食事が原因で、下痢や嘔吐をくり返す、腹痛がある。
②血便が見られる、おなかを強く痛がる場合は重症のサイン。
③ほかに、発熱、吐き気、だるさなど。
④ちいさい子だと、「頭が痛い」と表現したり、ただ泣くだけのことも。

症状とケアのポイント

夏に多いのは、病原細菌による食中毒です。細菌性のものは、何よりも予防が大切です。生鮮食品は新鮮なものを利用しましょう。調理前は手を洗い、まな板などの調理器具やふきんなどは場合に応じて熱湯消毒を。調理はよく加熱する、時間が経ったものは食べない、食材の冷蔵・冷凍保存管理を徹底するなど、基本的な対策をします。

冬場に多い「ノロウイルス」による食中毒の場合は、手や食材をよく洗うことと、充分に加熱調理する以外に、有効な対策はありません。

食中毒になってしまった場合、**水分補給がもっとも大切です。おしっこが充分に出るくらいの水分を摂るように工夫し、食事は無理に摂らず、おなかを休めるようにしましょう。**

下痢や嘔吐も悪いものを出している自然の作用ですので、無理に止めないで出しきるようにします。食中毒の多くは病原細菌の感染ですが、抗生剤などは腸内環境を悪くし、毒素を増やしますので、原則として使用しません。

日頃から和食中心の健康的な食事や、ストレスをためない生活で腸内環境を整えておき、抵抗力や解毒能力を高めておくことが最大の予防になります。

●おうちケアに役立つ「救急箱」はこちら
▼吐きそう、吐いてしまった→P90～91
▼おなかを痛がる、おなかの調子が悪い→P92～93

こんなときは病院へ

❶下痢や嘔吐が頻繁。
❷血便。
❸激しい腹痛。
❹水分が摂れない。
❺おしっこが少ない。
❻ぐったりしている。
❼神経麻痺の症状がある。

ボツリヌスなど毒素型の食中毒では、便秘、活気がない、母乳の飲みが悪い、泣き声が弱い、筋肉に張りがなくだらんとしている、よだれが多い、目の動きが悪い、呼吸困難などの症状が現れます。

水分補給が充分にできない場合や、腹痛や下血などの症状が強い場合、神経症状を認める場合は、入院し点滴などによる治療が必要になります。

ウイルス性胃腸炎（ノロウイルス、ロタウイルス）

吐き気の強さに応じて水分補給を。下痢や嘔吐は止めずに出しきって。

子どもが見せるサイン

① 吐き気や嘔吐、下痢。
② 下痢の場合、少し便がゆるい程度から水様便《すいようべん》まで。血便はない。
③ ちいさい子だと、「頭が痛い」と表現したり、ただ泣くだけのことも。

症状とケアのポイント

原因は、「ロタウイルス」によるものと「ノロウイルス」によるものが、約半分ずつです。どちらの場合も、症状や対処は同じです。

ロタウイルスはおもに6歳までの子どもに多いのですが、ノロウイルスは成人を含めてどの年代でも見られます。**日本を含む先進国では、入院することはありますが、重症化したり死亡することはまずありません。**ともに、とても感染力が強いので、園や学校、施設内で集団発生することがあります。

わたしは、**胃腸炎による下痢や嘔吐は、悪いものを排出する自然な反応と考えています。水分が摂れ、きげんがよくて元気があれば、自宅でようすを見てよいと思います。**

もっとも怖いのは脱水ですので、おしっこが充分に出るよう、水分を与えることが大切です。ただ、吐き気が強い場合や嘔吐をくり返している間は、少しでも胃にものが入ると吐き気が出てくるため、むしろ何も与えないようにしましょう。はじめは、1回の水分量を減らし、こまめに摂取する工夫を。母乳を飲んでいる子には母乳を与えます。

他者への感染を防ぐためにも、症状がなくなってから2日くらいは自宅で過ごしましょう。家族が発症した場合は、完璧に予防するのは困難ですが、吐いたものなどはすぐに処理し、トイレまわりの掃除と手洗いを徹底します。

● おうちケアに役立つ「救急箱」はこちら

▼吐きそう、吐いてしまった→P90〜91

▼おなかを痛がる、おなかの調子が悪い→P92〜93

こんなときは病院へ

❶水分が摂れない。
❷嘔吐や下痢をくり返す。
❸おしっこが少ない。
❹きげんが悪い。
❺ぐったりしている。
❻おなかなどの皮膚に張りがない。
❼けいれんが見られる。
❽寝てばかりいる。

病院では、ロタウイルス、ノロウイルスともに簡易診断キットがありますが、流行状況や症状により、検査をしなくても診断は容易のため、あまり行われていません。整腸剤や下痢止め（原則として3歳以上から）、吐き気止めの内服薬や座薬が処方されます。子どもでは腹痛に対する痛み止めは使いません。脱水症状がある場合は、点滴や入院が必要になります。

自家中毒症

吐き気の強さに応じて、水分補給をしましょう。

子どもが見せるサイン

①激しく嘔吐をくり返す。
②ぐったりして元気がない。顔色が悪い。
③吐く息が甘酸っぱい（アセトン臭）。
④食欲低下、だるさ、ウトウトと眠りがち、など。
⑤まれに頭痛、腹痛がある。胃酸によって黒褐色になった血（コーヒー残渣様《ざんさよう》）を吐くことがある。

症状とケアのポイント

自家中毒症は、最近では「アセトン血性嘔吐症」「周期性嘔吐症」と言います。ひと昔前はよく見られましたが、近頃はほとんど見られなくなりました。2～8歳くらいの子に多く、精神的、肉体的にストレスがかかったときや、風邪気味のときに起こりやすくなります。

原因は不明ですが、血中のケトン体*の値が上昇することが特徴です。病気ではなく、おそらくストレスなどによって、一時的に体内に蓄積されている糖の利用が悪くなっているため起こる症候群と思われます。例外もありますが、神経質で多感な子、やせ形の子に起こりやすく、突然、嘔吐などがはじまり、その症状がくり返して見られます。

症状が軽い場合は、安静にして水分補給に努めます。脱水症状に注意しましょう。

＊ アセトン体とも言います。体内に蓄えている糖分を使い果たすと、からだは脂肪をエネルギー源として使用します。それと同時にケトン（アセトン）という物質が生じます。

嘔吐が激しいときは、食事を控えて、水分を少量ずつ頻繁に与えます。リンゴジュースや、1歳以上ならはちみつを加えた紅茶などがおすすめです。フルーツなどを使った手づくりの酵素ジュースもよいでしょう。

ふだんからストレスに気を配り、朝ごはんをしっかり食べ、腸内環境を整えておくといいでしょう。

● おうちケアに役立つ「救急箱」はこちら

▼**吐きそう、吐いてしまった**→P90～91

こんなときは病院へ

❶ 頻繁に嘔吐する。
❷ グッタリしている。
❸ きげんが悪い。
❹ ウトウトと眠りがち。
❺ おしっこが少ない、もしくは濃い。
❻ 水分がまったく摂れない。
❼ 腹痛が強い。

同じ子にくり返して見られるのが特徴です。誘因となるストレスや風邪などがあり、嘔吐などの症状をくり返している場合は、診断が容易です。

さらに特徴として、下痢や発熱は伴わないので、もし、これらが見られた場合は、胃腸炎など、子どもが嘔吐する代表的な病気の可能性があります。

病院では尿中のケトン体の値を調べます。ただし、胃腸炎による下痢、脱水などでもケトン体が検出されるので、診断の確定にはなりません。通常は点滴が行われます。点滴により、すみやかに症状が改善する点も特徴のひとつです。

下痢

安静にしておなかを温め、水分補給を。きげんがよければ心配せずに。

子どもが見せるサイン

①通常よりも水分の多い便（ゆるいうんち）が出る。

②腹痛を伴うことも。

症状とケアのポイント

下痢の原因は、感染（おもにウイルス・冬季）、食中毒（おもに細菌・夏季）、食物アレルギー、おなかの冷え、ストレス、抗生剤の服用などが考えられます。

ウイルス性は冬期、食中毒は夏期に多く発生します。特定の食品で起きる場合は、アレルギーの可能性があります。**食物アレルギー**（P152〜153）**が原因のときは、その食材の摂取を控えます。食事内容によらず長く続く場合は、メンタル的な原因を考えましょう。**

下痢は、基本的には悪いものを排出するための自然な反応です。水分が摂れていて、きげんがよく元気であれば、家庭でケアすることができます。水溶性の下痢が長く続かない限り、下痢止めなどの薬も必要ありません。

安静にしておなかを休め、冷やさないケアが原則です。

● おうちケアに役立つ「救急箱」はこちら
▼おなかを痛がる、おなかの調子が悪い→P92～93

こんなときは病院へ

❶ 水分が摂れない。
❷ おしっこが少ない。
❸ 水溶性の下痢をくり返す。
❹ 嘔吐をくり返す。
❺ ぐったりして活気がない。
❻ おなかに張りがない。
❼ 唇・舌・口の中が乾燥している。
❽ 便に血が混じる。↓ウイルス性ではなく、細菌性の可能性が高くなります。
❾ 便に膿《うみ》が混じる。
❿ 強い腹痛を伴う。↓O《オー》157など、重症な感染症の可能性があります。
⓫ 便から悪臭がする。
⓬ 40℃以上の高熱を伴う。

注意が必要なのは、脱水と重症な食中毒の場合です。
❶～❻の場合は、脱水の可能性があります。
❼～⓫の場合は、細菌性の食中毒の可能性があります。

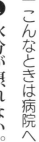

便秘

腸内環境を改善する食生活で、自然と解消されます。

子どもが見せるサイン

① 3日以上便通がない。または便が硬かったり、出しづらいなどの不快な症状がある。

＊一般的に「便秘」とみなす場合。「何日以上便が出ないと便秘」という明確な定義はない。

② ほかに、腹痛、おなかの張り、食欲低下などが見られることも。

症状とケアのポイント

便秘の判断は、年齢が大切な基準となります。

生まれてすぐの場合は、先天的な腸の病気のことも。生後数ヶ月では、哺乳量が少ない場合が多いですが、あかちゃんの腸内環境の変化により、一時的に便の回数が減ることもあります。離乳食開始後すぐの頃は、腸が食事に慣れていないことでも起こります。

幼児、学童期の便秘に重大な病気はほとんどなく、ふだんの生活が大きく関係します。できるだけ同じ時間に便を出すよう習慣をつけ、便をがまんしてしまう状況にも注意しましょう。

便秘は生活習慣によることが大きく、通常は病院に行く必要はありません。

便を出す助けとして、大きな「の」の字を書くようにおなかをマッサージしたり、オリーブ油などをつけた綿棒で肛門を刺激したりします。一時的に市販の浣腸を使用してもよいですが、くり返すと癖になることがあります。

食べるものに気をつけることを第一に、腸内環境を整える生活をこころがけることで、便秘は自然と解消されます。

「まごわやさしい」（P39）を中心にバランスよく食べることが前提ですが、とくに次のものを積極的に摂るとよいでしょう。

・水分（夏はとくに注意）
・食物繊維（こんにゃく、寒天、根菜類、海藻類、玄米、豆類など）
・発酵食品（漬けもの、納豆、豆乳ヨーグルトなど）、オリゴ糖（甘酒に多い）
・マグネシウム（海藻、玄米、豆類に多い）
・昔から便秘に効果があるとされる食材（アロエの煎じ汁、ハブ茶、小豆、りんご、クコの実など）

規則正しい生活を送り、冷えを予防し、外あそびなどでからだを動かすことも大切です。

● おうちケアに役立つ「救急箱」はこちら
▼**おなかを痛がる、おなかの調子が悪い**→P92〜93

こんなときは病院へ

❶ 生後まもなくの便秘。
❷ 吐き気を伴う。
❸ おなかを痛がる。
❹ おなかが張る。
❺ 便に血がつく。
❻ 食欲がない。
❼ 便をおもらしする（がまんしすぎることによる）。
❽ 1週間以上便が出ていない。
❾ 便秘と下痢をくり返す。

病院では、検査と治療を兼ね、浣腸をされることが多いです。整腸剤が短期間処方されることもありますが、いわゆる下剤は、症状が重くない限り、子どもに処方されることはほとんどありません。

膀胱炎《ぼうこう》

水分を多く摂り、膀胱内を洗い流せば、1～2日で治ります。

子どもが見せるサイン

① おしっこの回数が多い、排尿痛があるなど。排尿痛のサインは、両足を交差してもじもじする、トイレに行きたがらない、など。
② おしっこの濁り、におい、血尿など。
③ 年長児では、①②のような大人と同様の典型的な症状があるが、乳幼児は症状がわかりにくいことが多いため、注意が必要。熱が出る、きげんが悪くなる、泣く、ミルクの飲みが悪い、下痢などが現れることがある。

症状とケアのポイント

膀胱炎とは、膀胱に病原菌が入って炎症を起こした状態のことです。感染が腎臓（腎盂《じんう》）にまで達すると、腎盂腎炎となります。肛門部（便）からの細菌（おもに大腸菌）による感染がほとんどです。

新生児、乳児期は男児に多く、年長になるにつれ女児の頻度が高くなります。

膀胱炎は、**水分を多く摂り、膀胱内を洗い流すことがいちばんです。**多くの場合、**抗生剤を含めて薬は必要なく、1～2日で治ります。**

膀胱炎の予防には、おしっこが充分につくられることと、適切なタイミングで勢いよく出されることが大切です。

とくに脱水になりやすい夏季には、水分を充分に摂ることが最大の対策になります。おしっこをがまんしないことや、逆に頻繁におしっこをさせすぎないことも大切です。オムツに排泄物をためないようにし、うんちをしたら肛門部を前から後ろに拭くようにおしえます。

こんなときは病院へ

❶40℃以上の高熱。
❷水分が摂れない。
❸おしっこが少ない。
❹ぐったりしている。
❺きげんが悪い。
❻高熱に伴う吐き気、嘔吐、腹痛、腰痛、倦怠《けんたい》感が強い。→腎盂腎炎の可能性があります。

病院では尿検査で尿中の細菌を検査して診断し、抗生剤を処方することがほとんどです。抗生剤は数ケ月間など比較的長期に処方される場合もあります。

腎盂腎炎の場合は高熱を伴うことが多く、入院して抗生剤の注射による治療になります。

膀胱炎をくり返す場合は、膀胱尿管逆流、水腎《すいじん》症、尿道狭窄《きょうさく》といった先天性の異常があることも考えられますので、詳しい検査をおすすめします。

脱水症状

軽度のものなら、水分補給をして家庭でケアを。それ以上は病院へ！

子どもが見せるサイン

①おしっこが長時間出ていない。
②きげんが悪い。
③興奮状態が続く、または眠りがち。

症状とケアのポイント

脱水症状は、多量の発汗（高温や炎天下での活動）や発熱、頻繁な嘔吐・下痢、水分が摂れない状況が続くことなどで、体内の水分とミネラルが欠乏した状態です。

子どもは大人よりも圧倒的に脱水になりやすく、進行も早いため、脱水が起こりやすい状況下では、症状を見逃さないようにしましょう。脱水が進むと、ショック状態から生命の危険や重篤な後遺症につながることもあります。

軽度の脱水（意識が明瞭でおしっこが出ている状態）**であれば、家庭でケアすることができます。早めの対処が重要で、水分を与えることに尽きます。飲ませる量を計算する必要はなく、尿の量が増え、きげんがよくなるのを目安に。**ふだんより少し多めをこころがけます。

吐き気がある場合、とにかくはじめは、少量の水分を頻繁に与えることがポイント。小さじ1杯を5分ごとに与える程度からはじめて、吐かなければ飲ませる間隔を短くし、1回の量を増やしていきます。ミネラルを含んだお茶などからはじめます。塩分を補給できる梅干しなどもよいでしょう。

● おうちケアに役立つ「救急箱」はこちら
▼脱水症状かもしれない→P94

こんなときは病院へ

❶ きげんが悪い、笑わない。
❷ 興奮が続く、または眠りがちなど、意識状態がいつもと違う。
❸ おしっこが出ないか、濃いおしっこが少量のみ。
❹ 水分が摂れない。→これから脱水が進行する可能性があります。
❺ 嘔吐・下痢が頻繁に起こる。
❻ ぐったりして動けない。
❼ 手足が冷たく青白い。
❽ 皮膚(おなかなど)に張りがない。
❾ 泣いても涙が出ない。
❿ 唇・舌・口の中が乾燥している。
⓫ 目の周囲がくぼんでいる。
⓬ けいれんしている。
⓭ 呼吸が荒い。

右のような中等度以上の脱水症状がある場合は、病院を受診してください。病院では、血液検査などで重症度を確かめ、必要な場合は入院となり、点滴などの治療が行われます。

熱中症

軽症なら、水分補給をして現場でケアを。それ以上はすぐ病院へ!

子どもが見せるサイン

暑い環境下で次の症状が見られる。

① 軽症の場合:めまい、立ちくらみ、生あくび、顔が赤い、筋肉痛、足がつる、大量の発汗が見られる。

② 中等症の場合:気分が悪い、頭痛、吐き気、嘔吐、倦怠《けんたい》感、筋肉のけいれん、力が入らない。

③ 重症の場合:意識がない、全身のけいれん、立てない・歩けない、高熱、汗が出なくなる。

症状とケアのポイント

熱中症は、暑い環境下で起こる体調不良のことです。熱射病や日射病とも言います。多いのは7~8月ですが、運動場や体育館、車内や風呂場など、高温で多湿、風の通りにくい環境下ではいつでも起こる可能性があります。

ひとは汗をかくことで体温を調節しています。しかし、暑い環境に長くいると、この調節能力が限界を超えてしまい、体温が著しく上昇します。この状態が熱中症です。からだから水分や塩分が失われて脱水状態になり、あらゆる臓器や生命の危険につながります。

最近は大人を含め熱中症になるひとがとても増えています。空調の使用や外あそびの減少によって、汗をかく機会が減ったため、体温の調節能力が低下してしまっているのです。

現場での応急処置としては、まず涼しい場所に移動させ、寝かせて安静にします。できれば、水分や塩分をこまめに摂らせます。衣服をゆるめ、ぬれタオルや、タオルでくるんだ保冷剤でからだを冷やします。

熱中症になりやすい環境で活動する場合は、何よりも予防が大切です。水分と塩分（ミネラル）の両方を携帯してこまめに摂れるようにしましょう。おすすめは、麦茶などのお茶、いたみにくい梅干しなどです。

●おうちケアに役立つ「救急箱」はこちら

▼脱水症状かもしれない→P94

こんなときは病院へ

熱中症にはさまざまな症状が見られますが、体調の悪化が、暑い環境下で起こったかどうかです。

右ページの中等症のようすが見られたら、病院を受診しましょう。重症のようすがある場合は、救急車を呼びましょう。

病院では、同じような症状を起こす次の病気との鑑別が行われます。感染症、脱水症状（P196〜197）、熱性けいれん（P110〜111）、てんかん（P200〜201）、脳炎・脳症、低血糖、ホルモン異常など。

治療は水分とミネラルの補給と冷却処置になりますが、集中治療が必要な場合もあります。

てんかん

安全な場所で横向きに寝かせ、発作がおさまるのを待ちましょう。

子どもが見せるサイン

①意識がなくなる。
②からだが硬直する、ぴーんとつっぱる。
③けいれんする。けいれんは、全身または一部のみ。ガクンガクン、ガタガタ、ビクンビクン、ピクッ、など、さまざまなようすで起こる。
④自分の意思とは関係なく、からだが動く（かむ、なめる、舌を打つ、手を動かすなど）ことも。
⑤ほかに、顔面蒼白、チアノーゼ（唇が紫色になる）、白目をむく、一点凝視、呼びかけに反応しない、動作が止まる、ボーッとする、よだれを垂らす、脱力する、倒れるなど。

症状とケアのポイント

てんかんは、「てんかん発作」をくり返す病気で、全人口で約1％弱のひとに現れます。発作は、脳の神経細胞が一時的に過剰に興奮することで起こります。てんかんにはとてもたくさんのタイプがあり、発症する年齢、発作の症状、頻度などに大きな違いがあり、治療法や治り方も異なります。治療が不要で生活に問題がないものから、薬を多く使っても発作が止まらないものまで、さまざまです。

発作の症状は、けいれんが知られていますが、ほかにもじつにさまざまなものがあります。発熱に関係なく起きますが、発熱がきっかけでなる発作もあり、熱性けいれん（P110～111）との区別がむずかしい場合も。

発作は、熱があるときや下痢のとき、風邪気味など体調不良のときや寝不足で起こりやすくなるので、日常の体調管理に努めましょう。光（テレビやゲーム）や音、運動など、特定の刺激で発作が起こる場合は、それらの刺激を避ける必要があります。

通常のてんかん発作では、後遺症やいのちにかかわる心配はありません。発作が起きたら、あわてずに安全な場所に移し、顔を横に向けて（吐いたもので気道がふさがらないように）ラクな姿勢をとらせます。発作の持続時間や症状を確認することが大切です。何もせずに回復することも多いのですが、発作が5分以上続く場合は救急車を呼びます。

こんなときは病院へ

❶はじめてのけいれん。
❷発作が5分以上続く。
❸1日に2回以上発作が起きる。
❹意識や呼吸の異常がある。
❺頭痛・吐き気が強い。

先の症状があるとき、または頭を打ったときや年齢が6ケ月以下か6歳以上のとき、熱がない場合は受診を。けいれんが止まらない場合は、脱水症状（P196～197）、低血糖のほか、髄膜炎《ずいまく》、脳炎・脳症、脳出血、脳腫瘍《のうしゅよう》など、緊急性が高い病気の可能性があるため、病院では血液、髄《ずい》液、脳波、画像（CT、MRI）などの検査が行われます。

治療は、発作の頻度や症状で変わります。抗てんかん薬を使う場合は、脳波や採血の結果を見ながら、数年間にわたって続けられることが多いです。

夜泣き・夜驚《やきょう》

原因はさまざま。早寝・早起きなど、睡眠リズムをつくりましょう。

子どもが見せるサイン

夜間に突発的に起こる、泣き出しや泣き叫び。

症状とケアのポイント

夜泣きは、生後3ヶ月~2歳頃までの多くの子に見られます。

夜驚は、2~6歳頃の子どもに多く見られます。睡眠中に突然激しい恐怖感とともに数分間泣き叫びます。

はっきりとした原因は不明ですが、空腹、運動不足、母乳トラブル（とくに断乳や卒乳）、不安や興奮、おむつの汚れ、温度・湿度の不快などが考えられます。

夜泣き、夜驚どちらも治療の必要はなく、成長とともに見られなくなっていきます。なぜなら、多くは睡眠リズムの未熟さによるものだからです。

早寝・早起きなどの習慣をつけましょう。食事は「まごわやさしい」を中心に血の巡りをよくしてあげましょう。冷えが改善し、不安や恐怖も和らぎます。

刺激の多い場所やテレビの見せすぎなどにも注意します。日中は外あそびなどでしっかり活動させましょう。寝る前の気のたかぶりを防ぐため、夜は静かな環境を整えます。

▼眠りが浅い、夜中に突然起きて泣く↓P102

こんなときは病院へ

❶くり返し、間欠的に激しく泣く。↓腸重積《ちょうじゅうせき》（腸管の一部が後ろの腸管に引き込まれ、重なってしまう状態）の可能性があります。

❷股のつけ根が腫れている。↓鼠蹊《そけい》ヘルニア（脱腸）の可能性があります。

❸手足を動かさない。↓亜脱臼《あだっきゅう》（P154〜155）、骨折の可能性があります。

❹皮膚の異常がある。↓アトピー性皮膚炎（P172〜173）、おむつかぶれ、湿疹《しっしん》、虫さされ（P176〜177）、じんましんなどの発疹《ほっしん》（P162〜163）などの可能性があります。

❺むし歯がある。

❻熱がある。↓中耳炎の可能性が高いですが、風邪、突発性発疹などの感染症も考えられます。

❶〜❸の場合は、夜間でも病院へ連絡してください。

本書は、[月刊クーヨン] と「いいね」(ともにクレヨンハウス刊) に掲載した特集・連載記事を、加筆修正し、書き下ろしを加えて再構成したものです。

●連載

子どものからだホームケア
病院へ行く前に
[月刊クーヨン]
2016年4月号、5月号、7月号、8月号、11月号、12月号、2017年1月号、2月号

子ども病院
2017年7月号〜10月号、12月号、2018年1月号〜12月号、2019年1月号〜12月号、2020年1月号〜12月号

●特集

[月刊クーヨン] 2017年1月号
小児科医パパ本間真二郎さんに聞く 風邪と薬と菌とのつき合い

[月刊クーヨン] 2017年4月号
小児科医パパ・本間真二郎さんがすすめる からだ快調！ 快「腸」生活

[月刊クーヨン] 2018年8月号
改善のカギは「腸内細菌」です 微生物から考える 子どものアレルギー

[月刊クーヨン] 2018年12月号
「発達」とか「予防接種」とか…… 乳幼児健診で医療者が見ていること

[月刊クーヨン] 2020年8月号
感染症が「怖い！」から、「怖くない」へ これからの健康は腸内細菌にあり！

「いいね」32号「菌活はじめませんか？」
菌とじょうずにつき合う 「菌活」のススメ

本間真二郎《ほんま・しんじろう》

小児科医・微生物学者。2児の父。札幌医科大学新生児集中治療室（NICU）室長などを経て、栃木県那須烏山市へ移住。同市で医師として地域に密着した医療に携わりながら、農的生活を送っている。

おうちでケアする決定版 あかちゃんからの

かぞくの医学

2021年1月25日 第1刷発行

著者 本間真二郎
発行人 落合恵子
発行 株式会社クレヨンハウス
〒107-8630
東京都港区北青山3・8・15
TEL 03・3406・6372
FAX 03・5485・7502
e-mail shuppan@crayonhouse.co.jp
URL http://www.crayonhouse.co.jp/

イラスト 佐々木一澄
撮影 宮津かなえ（P6〜9は著者提供）
デザイン ももはらるみこ＋たけちれいこ
校正 千脇晶子、鈴木直子
印刷 大日本印刷株式会社

ISBN 978-4-86101-390-4
C0077 NDC498 20×20㎝ 204ページ
Printed in Japan